ज्ञान गरिमा के

पाकिस्तान का मतलब क्या

(यात्रा-संस्मरण)

पाकिस्तान का मतलब क्या

असग़र वजाहत

भारतीय ज्ञानपीठ

लोकोदय ग्रन्थमाला : ग्रन्थांक 1156

ISBN 978-93-263-5056-3

पाकिस्तान का मतलब क्या
(यात्रा-संस्मरण)
असग़र वजाहत

प्रकाशक : **भारतीय ज्ञानपीठ**
18, इन्स्टीट्यूशनल एरिया, लोदी रोड, नयी दिल्ली-110 003

मुद्रक : आर.के. ऑफसेट, दिल्ली

आवरण : असग़र वजाहत
आवरण-सज्जा : ज्ञानपीठ कला प्रभाग

PAKISTAN KA MATLAB KYA
(Travelogue)
by Asghar Wajahat

Published by
Bharatiya Jnanpith
18, Institutional Area, Lodi Road, New Delhi-110 003
Ph. : 011-24698417, 24626467; 23241619 (Daryaganj)
Mob. : 9350536020; e-mail : bjnanpith@gmail.com
sales@jnanpith.net; website : www.jnanpith.net

Third Edition : 2018
Price : Rs. 120

पाकिस्तान का मतलब क्या

पाकिस्तान एक ऐसा शब्द है जो उत्तर भारत में रहने वाले लोगों के मन में कोई 'विशेष बिम्ब' बनाता है। विभाजन के बाद पाकिस्तान आये लोगों की बात छोड़ भी दें तो कम से कम उत्तर भारत में पाकिस्तान के तरह-तरह के मतलब हैं। पाकिस्तान से जन्मी सबसे पुरानी छवि जो मेरे मन में है वह शायद सन् 55 के आसपास की है जब मेरी उम्र दस साल रही होगी। पड़ोस का कोई ख़ानदान पाकिस्तान जा रहा था। घर के सामने नीम के बूढ़े और घने पेड़ की छाया में तीन इक्के खड़े थे। एक इक्के पर सामान लादा जा रहा था। दूसरे इक्के में चादर बाँध दी गयी थी क्योंकि उसमें जनानी सवारियों को जाना था। घर के मर्द पड़ोसी मर्दों से गले मिल रहे थे। ऐसा ग़मगीन माहौल था कि दिल बैठा जाता था। घर के अन्दर औरतें पड़ोसिनों से लिपट-लिपट कर सिसक रही थीं। सिसकियाँ, रोना और रोना चीख़ने में तब्दील हो रहा था। बच्चे घबराये हुए इधर-उधर भाग रहे थे। मेरी समझ में बिलकुल नहीं आ रहा था कि ये सब क्या है? पाकिस्तान से जुड़ी दूसरी छवि यह है कि गर्मियों के दिनों की दोपहर में हम लोग घर के तहखाने में सोते थे जहाँ छत से लटका पंखा झलने के लिए नौकर पंखे की डोरी अपने पैर में लपेट कर कुछ फ़ासले पर लेट कर पैर चलाता था जिसके नतीजे में पंखा चलता था और हवा होती थी। इन शान्त और ठंडी दोपहरों में कभी-कभी कोई नौकर हाथ में ख़त लिये यह कहता हुआ आता था कि पाकिस्तान से ख़त आया है। सब लोग उठ बैठते थे। हमारे अब्बा की फूफी (बुआ) के बड़े लड़के पाकिस्तान चले गये थे और वहाँ से उनके ख़तों का इन्तिज़ार पूरे घर को रहता था। कहते हैं, वसी चचा पाकिस्तान नहीं जाना चाहते थे। लखनऊ यूनिवर्सिटी से कैमिस्ट्री में एम.एस.सी. करने के बाद वे नौकरी की तलाश में थे। एक इंटरव्यू बोर्ड में किसी बोर्ड के सदस्य ने उन्हें बहुत प्यार से समझाया था कि मियाँजी आप यहाँ भारत में क्यों नौकरी के चक्कर में परेशान हो रहे हो? पाकिस्तान

में न जाने कितनी नौकरियाँ आपका इन्तज़ार कर रही हैं। आप पाकिस्तान चले जाइए। आपको यहाँ नौकरी देने का मतलब किसी हिन्दू का हक़ मारना है...'' इस बातचीत के बाद वसी मामू समझ गये थे कि हिन्दुस्तान से उनका दाना-पानी उठ गया है। वे घर आये और अपना फ़ैसला सुना दिया। ख़बर बम की तरह फटी। लखनऊ के कूच-ए-मीरजान में लम्बी-चौड़ी हवेली, ख़ानदानी इमामबाड़ा; वालिद शहर के माने हुए वकील, ख़ानदानी रईस, यूनिवर्सिटी में पढ़ती बहनें और भाई सब हैरान हो गये। बहरहाल वसी मामू आसानी से नहीं जा सके। बहुत हाय-तौबा और रोने-धोने के बाद कराची सिधारे। उन्हीं के ख़त तपती हुई दोपहर में ठंडी हवा के झोंके की तरह आते थे और उन्हें ऊँची आवाज़ में पढ़ा जाता था... उन्हें अच्छी नौकरी मिली थी। उन्होंने नाजिमाबाद में प्लाट भी ले लिया था और मकान बनवा रहे थे। उनके ख़तों में, नये लफ़्ज़ जैसे 'नाजिमाबाद' या प्रसंग जैसे उनका 'पठान नौकर चाकू से नहीं करौली से सब्ज़ी काटता है' दिमाग़ में चिपक कर रह गये हैं... पाकिस्तान से जुड़ा एक और प्रसंग वह नारा है जो पाकिस्तान बनने के बाद मुस्लिम लीगी लगाया करते थे। नारा है, 'हँस के लिया है पाकिस्तान। लड़कर लेंगे हिन्दुस्तान।' पाकिस्तान का मतलब बताने के लिए एक नारा, 'पाकिस्तान का मतलब क्या? ला इलाहा इल्लिलाह'। पाकिस्तान का मतलब, 'अल्लाह एक है' साबित करता था कि पाकिस्तान मुस्लिम देश है। इसके अलावा पाकिस्तान को 'मुमकलते-ख़ुदादाद' यानी ईश्वर प्रदत्त राज्य कहने वाले कम नहीं थे। दरअसल हँस के लिया है पाकिस्तान और 'ईश्वर प्रदत्त राज्य' का गहरा ताल्लुक भी है। पाकिस्तान का मतलब जल्दी ही बदला गया था। 1958 में जरनल अय्यूब खाँ के सत्ता सँभालने के बाद कहा जाता था—'पाकिस्तान का मतलब क्या? लाठी, गोली, मार्शल लॉ।

'हँस के लिया है पाकिस्तान' की तस्दीक़ अगर इतिहास से करें तो पता चलता है कि पाकिस्तान के प्रमुख निर्माता मुहम्मद अली जिन्ना भारतीय राजनीति और सामाजिक जीवन से संन्यास लेकर 1932 में लन्दन चले गये थे। उस वक़्त तक जिन्ना और पाकिस्तान का कोई रिश्ता न था। 1934 में मुस्लिम लीग के नेता लियाक़त अली खाँ के अनुरोध पर मुस्लिम लीग का नेतृत्व सँभालने मुहम्मद अली जिन्ना वापस आये थे।

1946 तक मुस्लिम लीग काँग्रेस के साथ मिल कर सरकार चलाने पर तैयार थी जो योजना सफल नहीं हो सकी। 14 अगस्त 1947 को पाकिस्तान अस्तित्व में

आ गया। पाकिस्तान के इतिहासकार इसे 'लम्बा संघर्ष' मानते हैं। लेकिन लाहौर के प्रसिद्ध पंजाबी कवि मुश्ताक सूफ़ी पूछते हैं, "ये बताइए पाकिस्तान के आन्दोलन में मुस्लिम लीग के कितने जेल गये थे? किस-किस की जायदाद ज़ब्त की गयी थी? किसने ब्रिटिश हुकूमत के डंडे खाए थे? कितनों को फाँसी लगी थी? कितने लोगों को काले पानी भेजा गया था?"

सूफ़ी साहब के इन सवालों का मेरे पास जवाब नहीं है क्योंकि मैं इतिहासकार नहीं हूँ। बहरहाल 'हँस के लिया है पाकिस्तान' का दूसरा पहलू ये है कि कुछ लोग कांग्रेस पर यह आरोप लगाते हैं कि उसने मुस्लिम लीग को पाकिस्तान तो 'गिफ्ट' किया था। इस 'गिफ्ट' की परिभाषा 'मुमकलते-ख़ुदादाद' तो नहीं हो सकती लेकिन इतना ज़रूर है कि ख़ुदा (अल्लाह) पाकिस्तान की संवेदना का प्रमुख हिस्सा रहा है।

मुश्ताक सूफ़ी अपने तर्क को आगे बढ़ाते हुए कहते हैं, "लाहौर की सबसे बड़ी और महँगी बाज़ार माल रोड पर पाकिस्तान बनने से पहले मुसलमान की सिर्फ़ एक दुकान थी। पुराने शहर की अनारकली बाज़ार में मुसलमानों की दो दुकानें थीं। आज सूरतेहाल उल्टी है। इसके अलावा पंजाब में ज़मीनें सिखों के पास थीं। अब मुसलमानों के पास हैं। ये सब बहुत जल्दी और 'करप्ट' तरीक़े से हुआ है... मतलब ये कि जायदादें हथियाने में ग़ैर क़ानूनी तरीक़े भी अपनाये गये थे और फिर वो हालात ही ऐसे थे कि क़ानूनी की पूरी पाबन्दी बहुत मुमकिन नहीं थी। लेकिन इस उथलपुथल, इस 'अप साइड डाउन' या कहें 'डाउन साइड अप' ने हमारे समाज पर, मेरे ख़याल से बहुत अच्छा असर नहीं डाला। जब चैलेंज नहीं होते तो समाजों में 'नेगेटिव थिंकिंग' पैदा हो जाती है।"

पाकिस्तान के इतिहासकार और बुद्धिजीवी यह मानते हैं कि पाकिस्तान के लिए संघर्ष करने के दौरान यह चर्चा नहीं हुई कि पाकिस्तान का स्वरूप क्या होगा? राजनैतिक और आर्थिक व्यवस्था का क्या मॉडल होगा? बहुत सरसरी ढंग से यह कहा जाता था कि पाकिस्तान इस्लामी हुकूमत होगा, लेकिन उसे परिभाषित नहीं किया गया। पाकिस्तान के एक प्रखर बुद्धिजीवी मियाँ आसिफ़ रशीद ने बहुत विस्तार से इस समस्या पर विचार किया है। पाकिस्तान के स्वरूप पर चर्चा न किये जाने के कारणों से पहले वे अधिक बुनियादी मुद्दे पर ध्यान आकर्षित कराते हैं।" कुरान का उद्देश्य इस्लामी राज्य स्थापित करना नहीं है बल्कि न्याय तथा समता पर आधारित समाज का निर्माण है। हम यह कह सकते

हैं कि जो भी समाज न्याय और समता पर केन्द्रित होगा वही इस्लामी समाज होग चाहे वहाँ बहुसंख्यक मुसलमान हों या ग़ैर मुस्लिम।'' (दलीले सहर - मियाँ आसिफ रशीद-फिक्शन हाउस, लाहौर पृ. 82)

मियाँ आसिफ रशीद ने मुस्लिम लीग के नेताओं को कटहरे में खड़ा किया है ''पाकिस्तान आन्दोलन के दौरान मुस्लिम लीग के नेतृत्व ने कभी यह सोचने की ज़हमत न की, कि पाकिस्तान बन जाने के बाद नये राज्य का क्या स्वरूप होगा, उसका राजनैतिक ढाँचा किन सिद्धान्तों के अनुसार बनेगा और राज्य की आर्थिक और सामाजिक व्यवस्था क्या होगी, यद्यपि मुस्लिम लीग की विरोधी पार्टी काँग्रेस ने इन्हीं उद्देश्यों को सामने रखते हुए 1935 में प्रान्तीय चुनाव से पहले प्रो. के.टी. शाह के नेतृत्व में एक नेशनल प्लानिंग कमीशन स्थापित कर दिया था। 28 मई, 1937 को सर मुहम्मद इकबाल ने मुसलमानों की आर्थिक समस्याओं से लापरवाही बरतने वाली मुस्लिम लीग पर नुक्ता-चीनी करते हुए कायदे आज़म मुहम्मद अली जिन्ना को लिखा था, 'लीग को आख़िरकार यह तय करना पड़ेगा कि क्या वह बदस्तूर हिन्दुस्तानी मुसलमानों के उच्च वर्गों का प्रतिनिधित्व करती रहेगी या मुस्लिम जनता का...' मुस्लिम लीग नवाबों, राजाओं, खान बहादुरों और सरदारों के बोझ तले इतनी दबी हुई थी कि ख़ुद कायदे आजम भी नये राज्य की 'पहचान' की व्याख्या करते हुए घबराते थे कि कहीं प्रभावशाली गुट नाराज़ न हो जाएँ और लीग में फूट न पड़ जाए।'' (दलीले सहर- मियाँ आसिफ रशीद-फिक्शन हाउस, लाहौर पृ. 15)

नये मुल्क पाकिस्तान की आर्थिक और सामाजिक नीतियाँ निश्चित नहीं की गयी थीं लेकिन इससे बड़ी विडम्बना यह थी कि कायदे आज़म मुहम्मद अली जिन्ना ने पाकिस्तान बनने के बाद सत्ता की सभी कुंजियाँ अपने पास रख ली थीं। वे गवर्नर जनरल थे, संविधान बनाने वाली संसद के अध्यक्ष थे, मुस्लिम लीग के अध्यक्ष थे और अपने अधिकार क्षेत्र को बढ़ाने के लिए उन्होंने 1935 के एक्ट कानून आज़ादिए हिन्द 1947 में एक संशोधन कराया था जिसे 9 पी. कहा जाता है। इसके अन्तर्गत उन्हें यह अधिकार मिल गया था कि वे पाकिस्तान की किसी भी प्रान्तीय विधानसभा को भंग कर सकते थे। उन्होंने अपने इस अधिकार का प्रयोग भी किया था।

मियाँ आसिफ़ रशीद ने पाकिस्तान में संविधान बनाने की प्रक्रिया और उसके स्वरूप को भी एक बुनियादी भूल माना है। उनका कहना है कि भारत ने तीन साल के समय (1947-1950) के अन्दर संविधान बना कर भारत को गणराज्य बना दिया था जबकि पाकिस्तान में यह प्रक्रिया लम्बी चली। नौकरशाही और सेना ने

संविधान के रास्ते में रोड़े अटकाये। और पाकिस्तान का तीसरा संविधान 1973 में बना जो मूलत: ग़ैर लोकतान्त्रिक है तथा 'चेक एंड बैलेंस' की व्यवस्था भी उसमें नहीं है। इसके अलावा पाकिस्तान में 'इस्लाम' का बढ़ता प्रभाव और केन्द्र-राज्य सम्बन्धों की तनावपूर्ण स्थिति भी देश को लोकतान्त्रिक आधार देने में बाधा बनती रही।

मुहम्मद अली जिन्ना ने 11 अगस्त, 1947 को पाकिस्तान की विचारधारा की व्याख्या करते हुए कहा था, ''हम इस बुनियादी सिद्धान्त से आगे बढ़ रहे हैं कि हम सब नागरिक हैं और इस देश के नागरिक बराबर हैं।'' जिन्ना लोकतन्त्र, धार्मिक सद्भाव और धर्म निरपेक्षता के पक्के समर्थक थे, लेकिन वे अपने विचारों को व्यवहार में लागू न कर सके और अन्तत: सिर्फ़ तीस साल बाद पाकिस्तान के राष्ट्रपति जनरल ज़ियाउल हक़ ने देश को इस्लाम के आधार पर मुस्लिम देश बनाने की घोषणा कर दी। लोकतन्त्र और धर्मनिरपेक्षता से मुस्लिम देश बना दिये जाने की यात्रा बहुत लम्बी नहीं है लेकिन छलाँग ज़रूर लम्बी है।

मैंने धर्म का जितना सार्वजनिक प्रदर्शन पाकिस्तान में देखा वैसा इस्लामी गणराज्य ईरान में भी नहीं देखा था। जैसे ही आप सीमा पार करते हैं, पाकिस्तान के प्रवेश द्वार पर 'बिस्मिल्लाहे रहमाने रहीम' लिखा दिखाई पड़ता है। उसके बाद जैसे-जैसे लाहौर के नज़दीक पहुँचते हैं वैसे चौराहों पर, इमारतों के ऊपर, घरों के ऊपर, दुकानों के अन्दर और बाहर, छतों पर, पेड़ों के तनों पर, पार्कों और मैदानों में, बाग़ों और फुलवारियों में हर जगह अल्लाह, कलमा या कुरान की आयतें लिखी दिखाई देती हैं। पेड़ के तनों पर लिखा दिखाई देता है, 'पत्ते-पत्ते पर अल्लाह का नाम लिखा है।' अलीशान घरों के ऊपर 'माशा-अल्लाह या सुभान अल्लाह' दिखाई पड़ता है। इसके अलावा रंग-बिरंगे झंडे घरों और इमारतों पर लहराते नज़र आते हैं। मैंने किसी दोस्त से पूछा था कि इन रंगबिरंगे झंडों का क्या मतलब है? क्या ये किसी विशेष सम्प्रदाय या राजनैतिक दल के झंडे हैं? मुझे जवाब मिला था कि पाकिस्तान में धर्म और राजनीति एक-दूसरे में इतना घुल-मिल गये हैं कि कहाँ से क्या शुरू होता है और क्या कहाँ ख़त्म होता है, यह बताना मुश्किल है।

फैज़ अहमद 'फैज़' के जन्म शताब्दी समारोह में हिस्सा लेने भारतीय पटकथा लेखिका शमा ज़ैदी ने नेतृत्व में, जो डेलीगेशन बाघा बार्डर क्रास करके पाकिस्तान पहुँचा था, उनमें ज़्यादातर मुम्बई के कलाकार, लेखक, अभिनेता थे। मैं और उबैद सिद्दीक़ी दिल्ली से थे। बाघा बार्डर पर 'फैज़' साहब की दोनों बेटियाँ, सलीमा और मुनीज़ा डेलीगेशन के स्वागत के लिए तैयार थीं। यही वजह है कि हमारा सामान वग़ैरह नहीं देखा गया। देखा जाता तो कई लोगों के सूटकेसों में से भारतीय कस्टम की दुकान से ख़रीदी गयी 'स्कॉच विस्की' की बोतलें निकलतीं। हमें भारतीय कस्टम में यह बताया गया था कि कोई ग़ैर-मुस्लिम अपने साथ विस्की की दो बोतलें ले जा सकता है। विख्यात अभिनेता और पुराने मित्र राजेन्द्र गुप्ता स्कॉच की एक बोतल ख़रीद रहे थे। मैंने अच्छा मौक़ा जानकर उसे दो करा दिया था। मैं चूँकि इस्लामी देश पहली बार जा रहा था, इसलिए डरा हुआ था।

बाघा सीमा से बाहर निकले तो इधर-उधर का सीन बहुत प्रभावित करने वाला नहीं था। अजीब उजड़े-उखड़े मकान दिखाई पड़े जिनमें भैंसों की बहुतायत थी। शायद घोसियों की आबादी रही होगी। कुछ और आगे बढ़े और लाहौर शहर में दाखिल हुए थे तो आँखें चौंधिया गयीं। यह शहर का सबसे ख़ूबसूरत इलाका था। सड़कें, पार्क, हरियाली और दोनों तरफ़ बनी शानदार इमारतें और कोठियाँ चीख़-चीख़ कर लोगों के धनवान होने का ऐलान कर रही थीं। मुम्बई से आये युवक बोले, "यार यहाँ के बँगले तो अमिताभ बच्चन और शाहरुख खान के बँगलों को मात देते हैं।" इसी बातचीत के दौरान किसी अनुभवी ने कहा, "जनाब कहा जाता है, पाकिस्तान में लोगों के पास बहुत पैसा है, सरकार ग़रीब है, इसके बरख़िलाफ़ हिन्दुस्तान में लोगों के पास पैसा नहीं है, सरकार के पास बहुत पैसा है।"

"ऐसा क्यों है?" किसी ने पूछा।

जो लोग जानते थे, मुस्कराने लगे। जो नहीं जानते थे वे एक-दूसरे का मुँह देखने लगे।

तीन-चार दिन 'फैज़' जन्मशती प्रोग्राम चलते रहे। भव्यता, धनाढ्यता और सुन्दरता ने प्रभावित तो किया, लेकिन जितना प्रभाव लाहौर के उच्चवर्ग की सांस्कृतिक साहित्यिक जागरूकता का पड़ा वह बताने लायक है। प्रोग्रामों में हिस्सा लेने के लिए एक हज़ार रुपये का टिकट ले कर आने वालों को किसी भी तरह ग़रीब या मध्यम वर्ग का नहीं कहा जा सकता और देखने सुनने में भी लगता

था कि लाहौर का उच्चवर्ग बहुत सुसंस्कृत, साहित्य और कला प्रेमी है। मेरे ख़याल से ऐसे साहित्यिक कार्यक्रमों में दिल्ली का उच्च वर्ग शायद मुफ़्त आना भी न पसन्द करेगा।

इन्हीं कार्यक्रमों के दौरान एक अद्‌भुत और विलक्षण प्रतिभाशाली मुश्ताक़ अहमद यूसुफी से मिलने का मौक़ा मिला और दुख हुआ कि उनसे और उनकी रचनाओं से अब तक क्यों बेबहरा रहा। 'फ़ैज़' पर आयोजित सेमीनार में अपना लेख पढ़ने यूसुफी साहब आये तो हाल तालियों से गूँज उठा। फ़ैज़ के बारे में उन्होंने पूरी गम्भीरता और सौम्यता से बोलना शुरू किया। उनके हर वाक्य पर पूरे हाल में ठहाके गूँजने लगे। मज़ेदार बात यह थी कि वे न तो किसी व्यक्ति का मखौल उड़ा रहे थे और न घटिया किस्म का हास्य या व्यंग्य पैदा कर रहे थे। उनका पूरा लेख बहुत मर्यादित और गम्भीर था।

मुश्ताक अहमद यूसुफी मूल रूप से टोंक (राजस्थान) के हैं। उनकी शिक्षा राजस्थान, आगरा विश्वविद्यालय और अलीगढ़ मुस्लिम विश्वविद्यालय में हुई थी। पेशे से बैंकर, यूसुफी साहब को पाकिस्तान के बड़े-से-बड़े साहित्यिक एवार्ड मिल चुके हैं। उनके हास्य व्यंग्य संग्रह 'खाकम ब दहन' (मुँह में मिट्टी) के चौदह संस्करण हो चुके हैं। एक दूसरे संकलन 'ज़रगुश्त' के ग्यारह एडीशन छपे हैं। उनके बारे में यह तय है कि वे उर्दू के सर्वोत्तम हास्य-व्यंग्यकार हैं।

'फ़ैज़' पर उनका भाषण सुनने के बाद चाय पीने के लिए सब बाहर निकले तो मौक़ा निकाल कर मैंने यूसुफी साहब से कहा कि हिन्दोस्तान से पहली बार पाकिस्तान आया हूँ। अगर पाकिस्तान में मैंने सिर्फ़ आपको सुना होता और कुछ न किया होता तब भी मेरा पाकिस्तान आना सार्थक होता।' पचहत्तर साल से ऊपर के हुए यूसुफी साहब ने मेरी बात सुनी, लेकिन कुछ नहीं बोले। उन्हें उनके तमाम प्रशंसक घेरे हुए थे और मैंने यह ठीक न समझा कि उनके और उनके प्रशंसकों के बीच दीवार बनूँ।

'फ़ैज' जन्मशती समारोह का अन्तिम सत्र लाहौर के जिन्ना बाग़ के खुले ऑडिटोरियम में था। यहाँ संगीत, गायन के प्रोग्राम पेश किये गये। पहली बार लगा कि 'फ़ैज़' प्रगतिशील कवि हैं और जनान्दोलनों से भी उनका कोई लेना-देना रहा है। कलाकारों और लोगों में एक अद्‌भुत उत्साह था। यह प्रोग्राम दिनभर चलता रहा था।

'फ़ैज़' जन्मशती समारोह के आयोजकों ने हमारे ग्रुप को आने-जाने के लिए

वैन दे रखी थी जिसमें सब लोग बैठकर सुबह कार्यक्रमों में शामिल होने निकल जाते थे। शाम को यही वैन हमें लाहौर के सम्भ्रान्त इलाके में किसी विशिष्ट व्यक्ति की कोठी पर लाती थी जहाँ रात के खाने की व्यवस्था होती थी। इन पार्टियों में हम लोगों ने किसी तरह की कमी नहीं महसूस की और हिन्दुस्तान में बिगड़ी हमारी आदतों का पूरा ख़याल रखा गया। यह भी पता चला कि हम लोगों जैसे वहाँ कम नहीं हैं पर सामने नहीं आते। धर्म का कुछ तो सम्मान करना चाहिए।

हमारी वैन के साथ एक मोटरसाइकिल सवार हमेशा लगे रहते थे। बताया गया था कि वे हमारी सुरक्षा के लिए है। इसलिए हम लोगों ने उनका नाम 'मोहाफ़िज़' रख दिया था। इतनी मोटी बात हम सबको मालूम थी कि 'मोहाफ़िज़' साहब अपनी डियूटी बजा रहे हैं। दो ही एक दिन में मोहाफ़िज़ साहब से हम लोगों का अच्छा तालमेल हो गया। उन्होंने 'पर्दा' खोल दिया और हमने ससम्मान उन्हें अपना लिया।

'फ़ैज़' सम्बन्धी कार्यक्रमों से कुछ समय बचा कर एक रात हम लोग उस्मान पीरज़ादा के मेहमान बने। उस्मान पीरज़ादा पंजाबी के लोकप्रिय अभिनेता हैं। वे पाकिस्तान के पंजाब में ही नहीं बल्कि भारतीय पंजाब में भी 'हाउस होल्ड नेम' हैं। उस्मान का परिवार पिछली तीन पीढ़ियों से लाहौर में अभिनय, नाटक, सिनेमा के क्षेत्र में सक्रिय है।

रात में क़रीब दस बजे हम अनजान इलाक़े में, शहर से काफ़ी दूर उस्मान पीरज़ादा के घर की तरफ़ चल पड़े। कोई एक घंटे बाद हमारी 'वैन' एक अत्याधुनिक हाउसिंग कॉम्प्लेक्स में घुसी। बीच में लॉन था और तीन तरफ़ बहुत आधुनिक किस्म की कोठियाँ बनी थीं, जिनकी सीढ़ियाँ, दरवाज़े, खिड़कियाँ रोशनी में डूबे हुए थे। ड्राइव-वे पर हमें उस्मान मिले और उन्होंने बताया कि यह उनके परिवार के लोगों के ही बँगले हैं।

हम उस्मान के बँगले के अन्दर आये। यहाँ क़रीब पन्द्रह-बीस लोग पहले से मौजूद थे और पार्टी अपने पूरे शबाब पर थी। उस्मान का घर अन्दर से भी सुरुचि सम्पन्नता, धनाढ्यता और कलात्मकता की त्रिवेणी नज़र आया। कुछ ही देर में सब लोग मेहमानों के साथ बातचीत में मशगूल हो गये। प्रोग्राम यह बना था कि

उस्मान के यहाँ 'शरबते रूह अफ़ज़ा' लेने के बाद हम लोग उस्मान के परिवार द्वारा स्थापित रफी पीर कल्चरल सेंटर जाएँगे जहाँ के रेस्त्राँ में खाना खाएँगे। लेकिन रेस्त्राँ में 'शरबते रूह अफ़ज़ा' नहीं मिलता इसलिए उस्मान मेहमानों से कह रहे थे कि आप लोग अपने-अपने 'कोटे' का ध्यान रखिए।

पार्टी में उस्मान पीरज़ादा के दोस्त अभिनेता, गायक, संगीतकार, बिजनेसमैन, सरकारी अधिकारी वग़ैरह थे। बहुत लोगों से मुलाकात और बातचीत हुई लेकिन पाकिस्तानी सिविल सर्विस के एक अधिकारी से मिलना याद है क्योंकि वह पाकिस्तानी समाज, समस्याओं और चुनौतियों के बारे में बहुत तर्कसंगत बातें कर रहे थे। मेरी इच्छा हुई कि उनसे कभी आगे भी मुलाकात हो तो अच्छा है। लेकिन बाद में ऐसा नहीं हो सका।

रफी पीर कल्चरल सेंटर एक अद्भुत जगह लगी। हमें सबसे पहले 'कठपुतली संग्रहालय' दिखाया गया जिसमें पूरे संसार की लगभग पाँच हज़ार कठपुतलियाँ रखी गयी हैं। 1992 में स्थापित यह संग्रहालय सम्भवत: संसार में कठपुतली के चुनिन्दा संग्रहालयों में गिना जाएगा। इसका रख-रखाव और यहाँ कठपुतली कला सम्बन्धी जानकारियाँ उपलब्ध होने के कारण इसका महत्त्व और बढ़ जाता है।

इसी सेंटर में आर्ट और क्राफ्ट विलेज है; पीरू कैफे है जहाँ लाहौर के मज़ेदार खाने का ज़ायका लेने बड़ी तादाद में लोग आते हैं। यह सेंटर, नाटक के अन्तरराष्ट्रीय समारोह आयोजित करता है और इसका प्रशिक्षण कार्यक्रम भी है। ध्यान देने योग्य बात यह है कि यह सब एक परिवार का करिश्मा है। इसमें कोई सरकारी या अर्धसरकारी पैसा नहीं लगा। लाहौर में ऐसे कुछ ग्रुप और भी हैं, पर इतने व्यापक स्तर पर सिर्फ़ 'रफ़ी पीरज़ादा सेंटर' ही सक्रिय है।

चार दिन बाद डेलीगेशन वापस भारत चला गया और मैं लाहौर में अकेला रह गया। मैं ख़ुश था कि लाहौर को देखने, समझने, बूझने का काम अब शुरू होगा। यह सोच रहा था कि काम कैसे शुरू किया जाए। अपने पसन्द का काम है सड़कें नापना। सुबह के छह बजे थे। मैं शहर से नावाकिफ़ था, लेकिन गेस्ट हाउस से निकल कर एक मुख्य सड़क पर आ गया और पैदल मार्च शुरू कर दी। इधर-उधर देखता रहा। लेकिन सुबह-सुबह सिवाय इमारतों के कुछ देखने

को न था, इसलिए वही देखता चौराहे पर बनी एक बाज़ार तक आ गया। दुकानें अभी नहीं खुली थीं। लेकिन सड़क के किनारे चाय के खोखे खुले थे। एक चाय पीने के बाद सोचा चलो पुराने लाहौर चलते हैं, स्टेशन के पास उतर कर आसपास का इलाका देखते हैं। और हो सका तो लाहौर का नक्शा ख़रीदते हैं। बहरहाल एक ऑटोवाले से कहा कि रेलवे स्टेशन जाना है क्या लोगे? पता नहीं कैसा ऑटोवाला था कि उसे यह पता ही नहीं था कि वहाँ से स्टेशन तक का किराया कितना बनता है। एक दो और लोगों से पूछ कर उसने डेढ़ सौ रुपया बताया। मैं तैयार हो गया। पर मैंने पूछा, "भाई तुम्हें ये मालूम है न कि लाहौर का रेलवे स्टेशन कहाँ है?" वह कुछ शर्मिन्दा हुआ और बोला, "हाँ मालूम है।"

स्टेशन के आसपास घूमने, तस्वीरें लेने के बाद मैं पूछता-पाछता दिल्ली गेट की तरफ़ बढ़ने लगा। नया लाहौर जितना पॉश है, पुराना लाहौर उतना ही गन्दा है। वही दिल्ली वाला हाल है। ख़ैर अचानक महसूस किया कि ग्यारह बज गया है और दुकानें अब तक बन्द हैं। पूछने पर चला गया कि आज 'ईद मिलादुन्नबी' की छुट्टी है और पूरा शहर बन्द है। इसका सीधा मतलब था कि कुछ न मिलेगा। मैंने गेस्ट हाउस वापस आने की तैयारी की और एक मिनी बस में बैठ गया जिसने आधे रास्ते या माल रोड पर उतार दिया। यहाँ से गेस्ट हाउस पाँच-छह किलोमीटर था। मॉल रोड भी बन्द थी। अब दिन का एक बज रहा था और पेट कुछ माँग रहा था। पर माल रोड के शानदार रेस्त्राँ बन्द थे। ये हो नहीं सकता था कि कुछ न खाऊँ। जहाँ ठहरा था वहाँ खाने वग़ैरह का कोई इन्तज़ाम न था। यह लगने लगा अपने मज़ेदार खानों के लिए मशहूर लाहौर में मुझे भूखे पेट सोना पड़ेगा।

अचानक सड़क की दूसरी तरफ़ कोने में एक छोटी-सी दुकान खुली दिखाई पड़ी। यह फ्रूट जूस, स्नैक्स, केक-पेस्ट्री वग़ैरह की दुकान थी। चील की तरह मैंने झपट्टा मारा और पलक झपकते में वहाँ पहुँच गया। एक अधेड़ उम्र दुकानदार ने मुझे देखा। बड़ी अजीब बात है कि चेहरे-मोहरे और भाषा सब पता चल जाता है। वह समझ गया कि मैं 'इधर' का नहीं हूँ तो मैंने भी यह ज़रूरी समझा कि कुछ छुपाऊँ क्यों?

कोल्ड ड्रिंक और सैंडविच खाने शुरू किये। एक आदमी कोई और आ गया।

"तो जी आप दिल्ली से आये हो?" वह पंजाबियों की तरह हिन्दी/उर्दू बोला जो मेरे लिए दिल्ली में रहने की वजह से नयी चीज़ नहीं है।

''हाँ जी,'' मैंने भी पंजाबी तरीके से जवाब दिया।

''क्या हाल है उधर?'' वह बोला।

''ठीक है... हमारी तरफ़ तो व्यापारी और बिजनेस करने वाले बड़े फल-फूल रहे हैं।'' मैंने कहा।

''इधर भी काम अच्छा है... पर आपके यहाँ जैसी बात कहाँ होगी। हमारी मार्केट छोटी है।'' वह बोला।

''चीनी का क्या भाव है?'' उस नये आदमी ने पूछा जो आकर खड़ा हो गया था।

मैं परेशान हो गया क्योंकि मुझे नहीं मालूम था कि दिल्ली में चीनी क्या भाव है। बहरहाल कुछ तो बताना था। मैंने आइडिये से जो बताया वह इतना ग़लत था कि वे दोनों कहने लगे ऐसा तो हो ही नहीं सकता। मैंने फौरन अपनी हार मान ली क्योंकि मुझे कुछ नहीं मालूम था।

''बस जी हम लोग तो अमन चाहते हैं।'' दुकानदार बोला।

''हम भी अमन चाहते हैं... हिन्दुस्तान में अब किसी को पाकिस्तान से कोई दुश्मनी नहीं है।'' मैंने कहा।

''अच्छा जी... ऐसा है... यह तो कहते हैं... हिन्दुस्तान पाकिस्तान को मिटा देना चाहता है।''

''अजी हिन्दुस्तान में ख़ुद ही इतने मसले हैं कि वह किसी और को मिटाने के बारे में क्या सोचेगा।'' मैंने कहा।

''हाँ ये तो ठीक है।'' दुकानदार ने कहा।

''देखो जी अब जो जैसा है, वैसा मान लेना चाहिए।'' तीसरा आदमी बोला।

कुछ क्षण बाद हमारी बातचीत शान्तिवार्ता में बदल गयी। मैंने खा-पीकर पैसे देने चाहे तो दुकानदार बोला, ''नहीं जी आप मेहमान हो... आपसे क्या लेने।''

मैं सोचने लगा क्या यह दिल्ली में सम्भव है? दिल्ली के दुकानदार और व्यापारी तो अपने बाप को न छोड़ें... पड़ोसी देश के मेहमान की क्या औक़ात है।

''देखो जी कुछ तो ले लो। ये सब आपके घर तो बनता नहीं।''

''नइ जी नहीं... ऐसा है तुम्हें इंडिया में कोई पाकिस्तानी मिले तो उसे 'ठंडा' पिला देना।'' वह बोला।

''हाँ-हाँ क्यों नहीं।'' मैंने कहा।

''तुसी ठहरे कहाँ हो?''

"गुलबर्ग में?"

"कैसे जाओगे... आज जो छुट्टी है। ऑटो भी नहीं मिलेगा।"

"देखेंगे।" मैंने कहा।

"नई... मेरा... पुत्तर छोड़ देगा।"

उसका बेटा आया। गाड़ी निकाली और मुझे गेस्ट हाउस तक छोड़ा... यह भी कहा कि यह फोन नम्बर है, जब कभी कहीं जाना हो... बेतक़ल्लुफ़ फोन कर देना।

डेलीगेशन चले जाने के बाद मैं अकेला रह गया था, लेकिन मेरी चिन्ता 'मोहाफ़िज़' साहब को लगातार लगी रहती थी। अगले दिन वे सुबह ही सुबह आये और पूछा कि अब मेरा क्या प्रोग्राम है। मैंने बताया कि लाहौर घूमना है, कुछ लोगों से मिलना और उसके बाद मुल्तान जाना है। उन्होंने मेरा पासपोर्ट देखने की ख़्वाहिश ज़ाहिर की और मैंने अपना पासपोर्ट दिखाया जिस पर लाहौर के साथ-साथ मुल्तान और कराची के नाम भी दर्ज थे। पाकिस्तान में मैं 45 दिन ठहर सकता था। पासपोर्ट की फोटोकॉपी लेने के बाद मोहाफ़िज़ साहब ने विस्तार से जानना चाहा कि मैं लाहौर में क्या करूँगा। मैं उनकी परेशानी समझ गया। उन्हें मेरे बारे में अफसरों को रिपोर्ट देनी थी। मैंने उनके काम को आसान बनाने के लिए कहा कि आप मुझे एक ऑटो रिक्शा पूरे दिन के लिए दिला दें। जो पैसा होगा मैं दे दिया करूँगा। बात मोहफ़िज़ साहब की समझ में आ गयी। ज़ाहिर है ऑटो रिक्शा वाला उनका 'बन्दा' होना था और हर शाम उनको पक्की रिपोर्ट मिल जानी थी कि मैंने पूरे दिन क्या-क्या किया।

अगले दिन सुबह सजा-सजाया ऑटो रिक्शा आ गया। यहाँ यह बताता चलूँ कि पाकिस्तानी ड्राइवर, ख़ासतौर पर बसों, ट्रकों और ऑटो रिक्शा के ड्राइवर अपनी गाड़ियों की सजावट पर बहुत ज़्यादा ध्यान देते हैं। ट्रकों, बसों पर ऐसी चित्रकारी, ऐसी सजावट ऐसे रंग-बिरंगी फूल-पत्ती के नमूने बने होते हैं कि देखते ही बनता है। मैंने उनकी कुछ तस्वीरें भी ली हैं पर जैसी चाह रहा था वैसी तस्वीरें नहीं ले पाया। ख़ैर, तो शौकत का ऑटो रिक्शा सजा सजाया था। शौकत की उम्र यही कोई बीस के आसपास रही होगी। दुबला-पतला जिस्म, चेहरे पर काली ख़शख़सी दाढ़ी और सलवार कमीज़ में शौकत पक्के ऑटो ड्राइवर लगते

। ऑटो के अन्दर भी उन्होंने तरह-तरह के धार्मिक 'स्टिकर' लगा रखे थे। नमें से कुछ को देखकर मुझे शक हुआ था कि शौकत शायद शिआ मुसलमान । लेकिन मैंने पूछना ठीक नहीं समझा था।

लाहौर की शाही मस्जिद और क़िले के बाद गुरुद्वारा डेरा साहिब लाहौर और हाराजा रणजीत सिंह की समाधि अपने ऑटो रिक्शे वाले मियाँ शौकत के साथ हुँच गया। गुरुद्वारे के गेट पर ही तीन-चार लोग फोल्डिंग कुर्सियों पर बैठे थे। ाटक बन्द था। सिपाही पहरा दे रहे थे। लगता था गुरुद्वारा सबके लिए खुला हीं है। मैंने कहा कि मैं गुरुद्वारा देखना चाहता हूँ।''

''आप कहाँ से आये हैं?'' किसी कर्मचारी ने पूछा।

''इंडिया से।''

''अपना पासपोर्ट दिखाइए।''

मैंने अपना पासपोर्ट दे दिया। छोटे कर्मचारियों के हाथ से होता यह कुछ बड़े र्मचारी, जो थोड़ी बड़ी कुर्सी पर बैठे थे, के पास पहुँचा। वे ध्यान से पासपोर्ट खते रहे और फिर बोले, ''आप सैयद हैं।'' पासपोर्ट में मेरा पूरा नाम सैयद सग़र वजाहत लिखा है।

''हाँ हूँ।'' मैंने कहा।

अब दूसरे लम्हे जो हुआ उससे मैं बौखला-सा गया। प्रबन्धक उठे और मुझसे लपट गये। बोले, ''अरे सैयद साहब... आप यहाँ तशरीफ़ लाये ये तो बड़ी ख़ुशकिस्मती की बात है।'' वे इसी तरह के और जुमले भी बोलते रहे। मैं हैरान क यह क्या हो गया है। सैयद शब्द में ऐसा क्या जादू है जो उन्हें मोहित कर रहा ।

बाद में पता चला कि सैयद अर्थात इस्लाम धर्म के पैगम्बर मुहम्मद साहब के शजों का पाकिस्तान में बहुत महत्त्व है। पहली बात तो यह कि सैयद होने के ारण ही, कट्टर मुस्लिम समाज में, किसी आदमी की हैसियत ऊँची हो जाती । दूसरी यह कि पाकिस्तानी राजनीति, सेना, उद्योग-व्यापार आदि क्षेत्रों में यदों का वर्चस्व है।

गुरुद्वारा डेरा साहब के प्रबन्धक ने मुझसे कहा कि मैं अच्छी तरह गुरुद्वारा और हाराजा रणजीत सिंह की समाधि देख सकता हूँ। जबकि वहाँ के नियमों के नुसार किसी ग़ैर सिख या ग़ैर हिन्दू को गुरुद्वारे के अन्दर जाने की अनुमति नहीं है। ेकिन मेरे साथ दो गाइड भेज दिये गये। मैं जो कहता वह दिखाया जाता था। फोटो

लेने की पूरी इजाज़त थी।

गुरुद्वारा और समाधि देखने के बाद मुझे प्रबन्धक के कार्यालय में लाया गया प्रबन्धक महोदय ने बड़े प्रेम से चाय मँगायी। बातचीत होने लगी। उन्होंने बताय कि पाकिस्तान बनने के बाद सरकार ने हिन्दू मन्दिरों और सिख गुरुद्वारों क अपने अधिकार में ले लिया था। अब भी इन जगहों की देखरेख और सुरक्ष पाकिस्तानी सरकार करती है। पूजा-पाठ का काम उसी धर्म के पुजारी वग़ैरह करते हैं। मैंने गुरुद्वारे में भी तीन-चार सिख देखे थे।

प्रबन्धक ने बताया कि साल में एक बार पूरी दुनिया से सिख समुदाय के लोग यहाँ आते हैं। बहुत बड़ा जमावड़ा होता है। प्रबन्धक ने बताया कि गुरुमुखी लिपि जानते हैं और हिन्दी लिपि जानने का बड़ा मन है लेकिन लाहौर में उसक कोई इन्तज़ाम नहीं है। मुझसे हिन्दी लिपि के बारे में वे कुछ पूछते रहे। मैं जितन बता सकता था, बता दिया।

प्रबन्धक महोदय ने कहा कि वे अपने अधिकारी, जो पाकिस्तान सिविल सर्विस के बड़े अधिकारी हैं, से मेरी फोन पर बात कराना चाहते हैं क्योंकि अधिकारी भी सैयद हैं और उनका परिवार विभाजन के वक़्त अलीगढ़ से यह आया था। उन्होंने अपने अधिकारी ज़ैदी साहब को फोन किया और बड़े आदर विनम्रता, सम्मान से बात करने लगे। मेरे बारे में बताया। लेकिन शायद अधिकारी ने बात करने से मना कर दिया। प्रबन्धक ने कहा कि वे अभी कहीं जा रहे हैं बाद में बात करेंगे। बातचीत के दौरान उन्होंने बताया कि ज़ैदी साहब के पिताजी अलीगढ़ जाना चाहते हैं। जबसे वे यहाँ आये हैं तब से अलीगढ़, अपने वतन नहीं गये। अब उनकी उम्र अस्सी साल के ऊपर है। वे जीवन में एक बार अलीगढ़ जान चाहते हैं। उनके बेटे यानी पाकिस्तानी सिविल सर्विस के अधिकारी के लिए अपने वालिद को अलीगढ़ भेजना मुश्किल भी नहीं है। लेकिन एक बड़ी मुश्किल और है इसी वजह से ज़ैदी साहब अपने वालिद साहब को अलीगढ़ नहीं ले जाते।

"अभी भी ज़ैदी साहब के वालिद अलीगढ़ की बातें करते-करते रोने लगते हैं... अगर उन्हें अलीगढ़ ले जाया गया तो कहीं..."

"हाँ-हाँ मैं समझ गया।" मैंने कहा । प्रबन्धक कहना चाहते थे कि कहीं ज़ैदी साहब के वालिद पर इतना असर न हो जाए कि वहीं अलीगढ़ में...।

"अब क्या है जनाब... अपने साहब... अपने अब्बा जान को टालते और बहलाते रहते हैं। बेचारे और क्या कर सकते हैं?" वे बोले।

मैं सन्नाटे में आ गया। अमृतसर की वह रात याद आयी जब सरदार जसवन्त सिंह की शानदार कोठी में पार्टी चल रही थी। खाना, पीना, बातचीत सब अपने शबाब पर था। बातचीत लाहौर पर निकल आयी थी। जसवन्त सिंह की बूढ़ी माँ ने कहा था, "मैनूँ को इक बार लाहौर दिखा दो... इक बार...।" मैंने सोचा था, सरदार जसवन्त सिंह करोड़पति हैं। बाहर तीन शानदार गाड़ियाँ खड़ी हैं। हर गर्मी में यूरोप ले जाते हैं पूरे परिवार के साथ पैसे की रेल-पेल है। लेकिन अमृतसर से पचास किलोमीटर दूर लाहौर जाने के लिए उनकी माँ पचास साल से तड़प रही हैं और वे मजबूर हैं... उनकी लक्जरी कारें पचास किलोमीटर का फ़ासला पचास मिनट में तय कर सकती हैं। वीज़ा फीस अगर पाँच हज़ार रुपये भी हो तो क्या है? और कुछ नहीं तो एक दिन के लिए ही उन्हें इजाज़त दे दी जाए तो बात बन सकती है और फिर जसवन्त सिंह से पाकिस्तान को क्या ख़तरा हो सकता है?

दोनों देशों की आन्तरिक सुरक्षा को पूरी तरह मजबूत बनाये रखते हुए भी भारत-पाक की वीज़ा नीति अधिक मानवीय हो सकती है। सौ तरह से वीज़ा की समस्या पर सोचा जा सकता है। एक दिन का वीज़ा, ग्रुप वीज़ा, संरक्षण में यात्रा, सिक्युरिटी के साथ वीज़ा आदि कई उपाय हैं, लेकिन दोनों सरकारों में कुछ ऐसे तत्त्व हैं जो अपने या अपने समूह के लाभ के लिए दुश्मनी बनाये रखना चाहते हैं। दुश्मनी रहेगी तो हथियार ख़रीदे जाएँगे। हथियार ख़रीदे जाएँगे तो अरबों रुपया कमीशन मिलेगा। सेना का महत्त्व बना रहेगा। दोनों देशों में ऐसी तमाम लॉबी है जो सुरक्षा के नाम पर वीज़ा नीति में ढील नहीं देना चाहती। अगर कड़े वीज़ा नियमों से ही सुरक्षा सम्भव होती तो भारत-पाक में न तो बम विस्फोट होते और न आतंकी हमले होते। लेकिन रोज़ यही नज़र आता है। वीज़ा नियमों में ढील देने से न तो आन्तरिक सुरक्षा को ख़तरा है, न आतंकवाद बढ़ेगा। हाँ ख़तरा है तो उन लोगों, समूहों को है जो भय, शत्रुता, हिंसा और आतंक के नाम पर अंडे-पराँठे उड़ा रहे हैं। आतंकवाद और धर्मान्धता की जड़ है अज्ञान और शोषण। लेकिन मूल मुद्दों के प्रति ध्यान कौन देता है क्योंकि हमारे सत्ताधारियों के लिए अज्ञान और शोषण ही 'जीवन रेखा' है।

गुरुद्वारा डेरा साहिब और रणजीत सिंह की समाधि देखने के बाद मैंने शौकत से कहा कि किसी बहुत साधारण से ढाबे में खाना खाया जाए। स्टेशन के सामने बने

'मदीना होटल' में हम बैठ गये। होटल के बाहर तन्दूर लगा था। पास में ही बड़े बरतनों में खाना रखा था। तन्दूर के पास ही फ्राईपैन में खाना गरम करने का इन्तज़ाम था।

"क्या खाओगे।" मैंने शौक़त से पूछा।

"मटन कढ़ाई मँगा लो?"

"कितना?"

"आधा किलो।"

मटन कढ़ाई आया तो उसी फ्राइपैन में आया जिसमें पकाया गया था और एक टोकरी में चार रोटियाँ आ गयीं जिनका साइज़ हमारे यहाँ की तन्दूरी रोटियों से बड़ा था। कोई, प्लेट मेज़ पर नहीं रखी गयी। अब अपने 'हिन्दू संस्कारों' की वजह से मैं अलग प्लेट या थाली (थाली का तो ख़ैर पाकिस्तान में कोई वजूद ही नहीं है) का इन्तज़ार करने लगा। दूसरी मेज़ों पर जो लोग खा रहे थे वे सब एक साथ एक प्लेट या फ्राईपैन में खा रहे थे। यह समझने में देर नहीं लगी कि यह मुस्लिम समाज है, जहाँ 'जूठा' का कोई 'कांसेप्ट' नहीं है। मैंने रोटी तोड़ी, शौक़त के साथ एक फ्राईपैन से खाना शुरू कर दिया। पर पानी पीने के एक गिलास वाले मामले को सहन नहीं कर पाया तो दो 'कोक' मँगा लिये।

इसी को शायद जीवन की रंगा-रंगी कहते हैं। दोपहर ऑटो चालक शौक़त के साथ सर्वहारा किस्म के होटल में खाना खाने के बाद रात का डिनर पाकिस्तान की मशहूर अभिनेत्री समीना अहमद के सौजन्य से सम्पन्न हुआ। शहर से दूर एक मीडिया प्रोडक्शन हाउस में पाँच-सात बुद्धिजीवियों के साथ शाम बीती। ज़िक्र निकल आया कि भारत किस तरह पाकिस्तान से अपने को श्रेष्ठ समझता है। सब अपने-अपने अनुभव बताते रहे। होते-होते स्वर भारत विरोधी तक हो गया, लेकिन मैंने हस्तक्षेप नहीं किया क्योंकि मैं उनको समझना चाहता था, सुधारने का मंशा नहीं था।

अगले दिन शौक़त का ऑटो गेस्ट हाउस के गेट पर ठीक दस बजे आ गया। मैं कमरे में था कि शौकत के ऑटो का भयानक हॉर्न सुनाई पड़ा। लाहौर में गाड़ियों के विचित्र, दहला देने वाले हॉर्न सुनकर मैं 'कन्विन्स' हो गया हूँ कि और किसी क्षेत्र में पाकिस्तान ने भारत से अधिक तरक्की की हो या न की हो, हॉर्न बनाने के

मैदान में बाज़ी मार ली है। शौक़त के ऑटो में कम से कम तीन तरह के हॉर्न थे। हर हॉर्न अपनी मिसाल आप था। एक हॉर्न था जो किसी सिसकी या आह जैसी आवाज़ में शुरू होता था फिर उसमें अचानक सरसराहट पैदा हो जाती थी। फिर वह बड़े आक्रमक ढंग से इस तरह दहाड़ता था कि अगर सामने पैटन टैंक भी हो तो हट जाए। सड़क पर दूसरे किस्म के हॉर्न भी सुनने को मिलते थे और लाहौरियों का ही कलेजा है जो इनकी आवाज़ से फट नहीं जाता।

माल रोड पर किताबों की दुकानों से कुछ पाकिस्तान के नक्शे ख़रीदे। कुछ टूरिस्ट गाइड वग़ैरह लेना चाहता था, लेकिन नहीं मिली। वैसे लाहौर ही नहीं पूरे पाकिस्तान में टूरिस्ट और वे भी पश्चिमी टूरिस्ट नहीं दिखाई देते। अमरीका ने तो पाकिस्तान को दुनिया के ख़तरनाक देशों की सूची में डाल रखा है और यूरोप ने भी शायद यही किया है। जब टूरिस्ट आते नहीं तो उस किस्म की जानकारियाँ क्यों हों?

पुराने लाहौर में आकर लगा कि यह तो दिल्ली-6 से भी ज़्यादा तंग जगह है। ऑटो और गाड़ियों के धुएँ ने ऐसा कर दिया था कि दुकानदारों ने नाक पर सफ़ेद पैड लगा रखे थे। आने-जाने वाले आमतौर पर नाक पर रूमाल रख कर गुज़र रहे थे। वैसा धुआँ, मतलब गाड़ियों का धुआँ, मैंने ज़िन्दगी में कहीं नहीं देखा। सोचने लगा यहाँ रहने वालों पर क्या गुजरती होगी। ट्रैफिक की जितनी अव्यवस्था सम्भव है वह देखी जा सकती थी। मैंने कूचा जौहरियाँ के पास ऑटो रुकवा लिया। शौक़त से कहा वे कहीं और ले जाकर ऑटो खड़ा करें। मैं कूचा जौहरियाँ देखकर आ जाऊँगा। कूचा जौहरियाँ देखने का शौक इसलिए था कि मेरे नाटक 'जिस लाहौर नई देख्या...' का घटना स्थल यही है। मैं कूचे में आगे बढ़ता गया। तस्वीरें लेता गया। पुरानी इमारतों और मकानों की तस्वीरें जमा करना चाहता था। सोना, चाँदी, हीरे, जवाहरात की बाज़ार में इतनी अव्यवस्था देखकर परेशान हो गया। बड़ी मुश्किल से वापस आया। शौक़त का ऑटो नहीं मिला। ट्रैफिक ऐसा था आदमी का चलना मुश्किल लग रहा था गाड़ियों का क्या कहना।

पुराने लाहौर से निकल आये। एक चौड़ी सड़क के किनारे कुछ लोग, शायद पचास-साठ, बैनर वग़ैरह लगाए प्रदर्शन कर रहे थे। उर्दू में बड़े-से बैनर पर लिखा था, 'पंजाबी तहरीक' यानी पंजाबी आन्दोलन। मैंने शौक़त से ऑटो रोकने के लिए कहा और उतर कर प्रदर्शन करने वालों के क़रीब चला गया। पता चला कि वहाँ पंजाबी भाषा के लिए यह प्रदर्शन हो रहा था। मतलब पंजाब-वह भी

लाहौर में पंजाबी के लिए आन्दोलन देखकर कुछ हैरत हुई। वहाँ बताया गया कि पंजाब में पंजाबी की उपेक्षा हो रही है। स्कूलों में पंजाबी नहीं पढ़ाई जाती। पंजाबी में अख़बार नहीं हैं। पंजाबी में प्रकाशन की हालत बहुत दयनीय है। वग़ैरह... वग़ैरह... पंजाबी को दबा कौन रहा है, उर्दू।

पाकिस्तान में भाषा की बहुत ज्वलन्त और गम्भीर समस्याएँ हैं। सबसे पहले भाषा की राजनीति सिन्ध में शुरू हुई थी। विभाजन के बाद उत्तर प्रदेश, बिहार, मध्य प्रदेश से उर्दूभाषी सिन्ध के शहरों में बसाए गये थे। यह संख्या इतनी अधिक थी कि 1950 तक सिन्ध के बड़े शहरों में पचास प्रतिशत उर्दू बोलने वाले हो गये थे।

पाकिस्तान के पहले प्रधानमन्त्री लियाक़त अली खाँ, जो उर्दूभाषी और मोहाज़िर थे, वे सिन्ध के बड़े शहरों को 'उर्दू भाषी बहुल्य क्षेत्र' बनाना चाहते थे, ताकि उनके तथा अन्य मोहाज़िर नेताओं के लिए राजनीति करना और चुनाव जीतना सरल हो जाए। एक कारण यह भी था कि पाकिस्तान के सबसे बड़े प्रान्त पंजाब ने, उर्दूभाषी मोहाज़िरों को पंजाब में स्वीकार नहीं किया था। पंजाब में वही मोहाज़िर बसाए गये थे जो पूर्वी पंजाब से पाकिस्तान गये थे। पंजाब अपनी भाषायी और सांस्कृतिक अस्मिता के प्रति बहुत सचेत थे।

सिन्ध में अपनी संख्या और प्रभाव के चलते उर्दूभाषी मोहाज़िरों ने अपना प्रभुत्व जमाने के लिए सिन्धी को पीछे ढकेलना शुरू कर दिया था। कारण दो थे। पहला तो यह सिद्धान्त कि पाकिस्तानी का धर्म इस्लाम है और भाषा उर्दू है। दूसरा यह कि शिक्षा, सरकारी पदों आदि में सिन्धी भाषी लोगों को पीछे ढकेल कर स्वयं आगे रहने की नीति। उर्दू और सिन्धी भाषा बोलने वालो में टकराव छोटी-मोटी बातों से शुरू हुआ लेकिन 1988-90 के बीच यह एक अत्यन्त भयानक ख़ूनी संघर्ष में बदल गया। बांग्लादेश की स्थापना ने पहली बार द्वि-राष्ट्र सिद्धान्त को ग़लत साबित किया था और मोहाज़िर-सिन्धी सशस्त्र संघर्ष ने यह दूसरी बार सिद्ध किया था कि धर्म के आधार पर राष्ट्रीयता नहीं निर्धारित की जा सकती।

30 सितम्बर, 1988 हैदराबाद सिन्ध के इतिहास को 'ब्लैक फ्राइडे' के नाम से जाना जाता है। इस दिन मोटरसाइकिलों और जीपों पर एक दर्जन सशस्त्र जवानों ने भरी बाज़ारों में अन्धाधुन्ध फायरिंग की थी जिसके नतीजे में क़रीब 250 लोग मारे गये थे जिनमें ज़्यादातर उर्दूभाषी मोहाज़िर थे। आरोप लगाया जाता है कि फायरिंग करने वाले सिन्धी थे। इस हमले की प्रतिक्रिया कराची में हुई थी, जहाँ ज़बरदस्त

दंगों में क़रीब 60–65 सिन्धियों की हत्या कर दी गयी थी और करोड़ों की सम्पत्ति जला दी गयी थी। इन दंगों का सबसे भयानक रूप पक्का किला नरसंहार माना जाता है। 27 मई 1990 को, अपने सिरों पर कुरान शरीफ रखे लोगों, जिनमें बच्चे और औरतें भी थीं, के प्रर्दशन पर पुलिस ने फायरिंग की थी जिसमें सौ से अधिक लोग मारे गये थे।

यह सचाई है कि पंजाबी बोलने वालों की संख्या पाकिस्तान में सबसे ज़्यादा है और यह भी सच है कि पंजाबी भाषा की उपेक्षा पाकिस्तान बनने के साथ ही शुरू हो गयी थी। पाकिस्तान बनते ही पंजाब के विश्वविद्यालयों से पंजाबी भाषा को विषय के रूप में पढ़ाया जाना बन्द कर दिया गया था। कारण दो बताये जाते हैं। पहला यह कि उर्दू की केन्द्रीय स्थिति को मजबूत बनाने के लिए पंजाबी पर 'ब्रेक' लगाना ज़रूरी था। दूसरा यह कि पंजाबी को हिन्दुओं और सिखों की भाषा माना गया था।

पंजाबी तहरीक के कार्यकर्ताओं ने बताया कि पंजाब के प्राइमरी स्कूलों में पंजाबी की पढ़ाई नहीं होती। जबकि सिन्धी और सरायकी क्षेत्रों के प्राइमरी स्कूलों में स्थानीय भाषाएँ पढ़ायी जाती हैं। पंजाबी के अखबार नहीं निकलते। एक–दो जो शुरू भी हुए थे आर्थिक कठिनाई की वजह से बन्द हो गये। पंजाबी का कोई बड़ा प्रकाशन नहीं है। पंजाबी में साहित्यिक पत्रिकाएँ बहुत कम निकलती हैं।

पाकिस्तान में पंजाबी भाषा के आन्दोलन का एक और बड़ा महत्त्वपूर्ण पक्ष है कि पंजाब आज़ादी के पहले से ही उर्दू का केन्द्र रहा है। सर मोहम्मद इकबाल, जिनकी मातृभाषा पंजाबी थी, ने उर्दू और फारसी में कविताएँ लिखी हैं। पंजाबीभाषी उर्दू कवियों की एक सशक्त परम्परा है जो फैज़ अहमद 'फैज़' से होती हुई युवा उर्दू कवि अली इफ़्तिख़ार जाफरी तक चली आती है। उर्दू पंजाब की संस्कृति और साहित्य की भाषा रही है। पंजाबी बोलचाल की भाषा के रूप में पूरी तरह स्वीकृत है। उर्दू की स्थिति पंजाब (पाकिस्तान) में कुछ वैसी है जैसी भारत में अँग्रेज़ी की है।

आधुनिक युग में शायद कोई ऐसा पाकिस्तानी पंजाबी कवि नहीं हुआ जिसे भारतीय उपमहाद्वीप में मान्यता मिली हो। लेकिन पंजाब के उर्दू कवियों को यह सम्मान बराबर मिलता रहा है। इसलिए पंजाब के उर्दू कवि–लेखक यह जानते हैं

कि उन्हें उप-महाद्वीप या अन्तरराष्ट्रीय उर्दू कवि होना है तो पंजाबी में लिखने
काम नहीं चलेगा। और अब उर्दू का बड़ा कवि होने का मतलब हिन्दी का ब
कवि होना भी है। 'फ़ैज़' ने यह सिद्ध कर दिया है। 'फ़ैज़' हिन्दी जगत में भी जाने
माने जाते हैं। पंजाबी में लिखने का मतलब केवल पाँच-सात करोड़ की भाषा
कवि होना है जबकि उर्दू में लिखने का मतलब लगभग सौ करोड़ लोगों का क
होना है। इस सौ करोड़ में हिन्दी भी शामिल है।

दो-तीन दिन पहले मुझे शक़ हुआ था कि ऑटो चालक शौक़त अली शायद शिआ
क्योंकि उनके ऑटो में कुछ इस तरह के अरबी वाक्य लगे थे जो शिआ ही मानते है
'कन्फ़्यूज़न' से निकलने के लिए मैंने शौक़त से पूछ ही लिया कि क्या वे शिआ है
उन्होंने 'हाँ' में जवाब दिया। मैंने उन्हें बताया कि मैं भी शिआ हूँ। फिर क्या थ
शौक़त साहब ने ऑटो सड़क के किनारे रोक दिया और मुझसे गले मिले। मुझे अग
मालूम होता कि मेरा शिआ होना शौक़त को इतना प्रभावित करेगा तो मैं न बताता

"अब तो पहले आपको मेरे घर चलकर चाय पीना पड़ेगी।" शौक़त बोले

हम लोग हिन्दू मन्दिर देखने जा रहे थे लेकिन मेरे शिआ होने ने प्रोग्रा
गड़बड़ा दिया था।

"लेकिन हम लोग तो..."

"ज़्यादा... फ़ासला नहीं है.. मेरा घर रास्ते में है।"

"चलो।" मेरे बस में कितना था।

शौक़त बजाय घर के अपने भाई के ऑफिस ले गये जो प्रॉपर्टी डीलरों क
तरह अपने धन्धे में डूबे हुए हैं। जिस अधबनी इमारत में उनका ऑफिस थ
उसके बाहर एक मोची बैठा था। हम बैठे चाय पी रहे थे कि मोची शौक़त के
भाई के जूतों पर पॉलिश करके लाया। शौक़त ने मुझसे कहा कि मैं भी अपने जूत
पर पॉलिश करा लूँ; मेरे हाँ कहने से पहले पॉलिश वाले ने मेरे जूते उतार लिये
बाद में पता चला कि पॉलिश वाला शौक़त परिवार और मित्रों के लिए ठेके प
पॉलिश करता है।

बातचीत में प्रॉपर्टी के 'रेटों' की तुलना होती रही। पता चला लाहौर में प्रॉपट
सस्ती है। इसकी एक वजह यह भी हो सकती है कि हमारा एक रुपय
पाकिस्तान के दो रुपये के बराबर है। बहरहाल विशुद्ध 'कारोबारी' बातचीत वे

बाद हम लोग बाहर निकले।

एक तरफ़ रावी नदी है और दूसरी तरफ़ शहर है। हमने पूरी सड़क का चक्कर लगाया, लेकिन कहीं मन्दिर न दिखाई दिया। कुछ लोगों से पूछा लेकिन कोई न बता सका कि मन्दिर कहाँ है। काफ़ी देर तक इधर-उधर भटकने के बाद मैंने शौक़त से कहा, "चलो रावी के किनारे चलते हैं।"

मैंने अमृतसर की अजनाला तहसील के गाँवों के पास से रावी को बहते देखा है। दूर तक फैले खेतों और बाग़ों के बीच से बहती रावी किसी पंजाबी लोकगीत जैसी लगती है। लाहौर में रावी शहर के पास से बहती है। उस तरफ़ भी आबादी है। मैं शौक़त के साथ रावी के किनारे आ गया। वहाँ एक खोखे में चाय पी। कुछ पीर-फ़क़ीर किस्म के लोग, कुछ आवारा, कुछ ग़रीब लोग इधर-उधर बैठे थे या आ-जा रहे थे। रावी के किनारे दो-तीन बड़ी-बड़ी नावें बड़ी उपेक्षित हालत में हिल-डुल रही थीं। आसमान साफ़ था।

रावी देखने के बाद मैंने शौक़त से किसी अवामी बस्ती को देखने की ख्वाहिश ज़ाहिर की। शौकत मक्का कॉलोनी और मदीना कॉलोनी ले गये। यहाँ लगा जैसे दिल्ली के पांडव नगर या अर्जुन नगर जैसी जगह आ गये हों। लेकिन फिर भी ये 'स्लम एरिया' की श्रेणी में नहीं आती थीं। यह भी सोचने वाली बात है कि ग़रीब लोगों की बस्तियों के नाम धार्मिक स्थलों या पौराणिक पात्रों के नामों पर क्यों होते हैं?

लाहौर में सब दोस्तों ने बहुत साफ़-साफ़ शब्दों में कहा था कि मुझे पाकिस्तान में ट्रेन से सफ़र नहीं करना चाहिए। पूरे देश में कोरियन कम्पनी 'डेबू' की बड़ी अच्छी बसें चलती हैं जिनसे यात्रा करना आसान है। ट्रेन से न जाने की इतनी चेतावनी दी गयी थी कि लाहौर से मुल्तान जाने के लिए मैंने ट्रेन लेने का ही फ़ैसला किया। ट्रेन का टिकट मुश्ताक सूफ़ी साहब ने मँगवा दिया था और पैसे लेने से भी इनकार कर दिया था। बहरहाल ट्रेन सुबह छह बजे चलनी थी। इसका मतलब पाँच बजे गेस्ट हाउस से निकलना था। मैंने ऑटो चालक शौक़त से पूछा था कि क्या वे पाँच बजे सुबह गेस्ट हाउस आ सकते हैं? उन्होंने हामी

भर दी थी।

दिन भर इधर-उधर घूमने के बाद शाम को मदीहा गौहर के नाटक देखने का प्रोग्राम था। लेकिन उससे पहले लाहौर में किताबों के बहुत बड़े और प्रतिष्ठित शोरूम 'रीडिंग्स' में कुछ लेखकों से मिलने की बात हो गयी थी। लाहौर टी हाउस के उजड़ने के बाद लेखकों ने अपने अड्डे इधर-उधर बना लिये हैं। इन्तिज़ार हुसैन अपने मित्रों के साथ हर शनिवार को 'नैरंग गैलरी' में बैठते हैं। कुछ दूसरे लोग 'रीडिंग्स' में बैठते हैं। ये मीटिंगें बग़ैर किसी एजेंडे के होती हैं। मैं रीडिंग्स में गया तो मुझसे एक-दो छोटी कहानियाँ सुनाने की फरमाइश की गयी। उन पर बातचीत हुई। भारत-पाक सम्बन्धों और दोनों देशों की तुलना की जाने लगी। एक लेखक मित्र ने बड़ी अच्छी बात कही। उन्होंने कहा कि भारत में धार्मिक कट्टरता के विरुद्ध संविधान मदद करता है, लेकिन पाकिस्तान में ऐसा नहीं है। युवा मित्र और उर्दू के पत्रकार महमूदुल हसन मुझसे कुछ बातचीत करना चाहते थे इसलिए सभा विसर्जित होने के बाद भी मैं रुक गया। महमूद ने कहा कि वे मुझे मदीहा गौहर के नाटक स्थल तक पहुँचा देंगे।

मदीहा गौहर को थियेटर ऐक्टिविस्ट के रूप में मान्यता मिल चुकी है। उन्होंने लाहौर में अपना बड़ा 'सेटअप' बनाया है। मैं उनका स्टूडियो भी देख चुका हूँ जिसमें मंचन और स्टेज सम्बन्धी अच्छे उपकरण भी हैं। मदीहा, सामाजिक चेतना, महिला अधिकार, धर्मान्धता के विरुद्ध विषयों पर नाटक करती रहती हैं। वे आजकल लाहौर के बदलते हालात; सलमान तासीर की हत्या और हत्यारे के समर्थन में लाखों लोगों के प्रदर्शन आदि से बहुत चिन्तित हैं। धर्मान्धता के बढ़ते ज़ोर ने कलाकारों को संकट में डाल दिया है।

मदीहा के नाटक 'बुल्लेशाह' और बच्चों का नाटक 'दुनिया बदल सकती है' देखकर बाहर निकला तो रात के ग्यारह बज चुके थे। अचानक ऑटो चालक शौक़त का फोन आया कि उनके ऑटो में कोई ख़राबी आ गयी है और वे सुबह पाँच बजे गेस्ट हाउस नहीं पहुँच पाएँगे। मेरे पैरों तले ज़मीन निकल गयी। अब रात में ग्यारह बजे मैं दूसरा क्या इन्तज़ाम कर सकता था? मैंने मदीहा से बताया तो उन्होंने पूछा, आप ट्रेन से क्यों जा रहे हैं मुल्तान?

मैंने कहा, "इसलिए कि सब मना करते हैं कि पाकिस्तान में ट्रेन से सफर नहीं

करना चाहिए।''

उन्होंने कहा, ''हक़ीक़त ये है कि हमारी ट्रेनें अच्छी नहीं हैं। आप कल 'डेवू' बस से क्यों नहीं चले जाते। इसी वक़्त आपका टिकट बुक हो सकता है। 'देवू' बस स्टेशन भी वहाँ से पास है जहाँ आप ठहरे हैं।''

सुझाव अच्छा लगा। मदीहा का ड्राइवर हमें लेकर 'देवू' बस स्टेशन ले आया। ड्राइवर ही को उन्होंने टिकट लेने भेजा। रात के बारह बज चुका था। मुझे लग रहा था मदीहा को बहुत परेशान कर रहा हूँ। लेकिन उनके चेहरे पर शिकन नहीं थी।

भारतीय उप-महाद्वीप के प्राचीनतम शहरों में मुल्तान का नाम ही रोमांचित कर देता है। महाभारत के अनुसार यह कटोच राजवंश के त्रिगार्न साम्राज्य की राजधानी था। शताब्दियों के लम्बे सफर ने शहर के नाम बदले हैं। कटोच राजवंश के कश्यप गोत्र के कारण कभी इसका नाम कश्यपुर भी हुआ करता था।

मध्य एशिया और दक्षिण एशिया के बीच बसे इस शहर का 'अपराध' इसकी भौगोलिक स्थिति रही है। दिल्ली की तरह 'जो भी गुज़रा है, उसने लूटा है' इसकी नियति रही है। सिकन्दर महान से लेकर मुहम्मद बिन कासिम, महमूद गजनवी, मोहम्मद ग़ौरी तक की लूटमार के निशान इसके चेहरे पर देखे जा सकते हैं। कुछ समय के लिए यह शिआ मुसलमानों की एक शाखा इस्माइली मुसलमानों के अधिकार में भी आ गया था। नादिरशाह और अहमद शाह अब्दाली ने भी इस शहर पर अपनी ताक़त आजमायी है। 1817 में महाराजा रणजीत सिंह ने मुल्तान क़िले के फाटक तोड़ने के लिए 'ज़मज़मा' नाम की एक विशेष तोप भेजी थी और 1846 में यह शहर अँग्रेजों के क़ब्ज़े में आ गया था। उथल-पुथल की इन शताब्दियों में मुल्तान केवल मुगल शासन के दौरान शान्ति और समृद्धि की ओर बढ़ा था।

मुल्तान पीरों, सूफ़ियों और भिखारियों का शहर कहा जाता है। मुल्तान के बारे में फारसी का एक शेर है—

'चहार चीज़, अस्त तोहफ़-ए-मुल्तान
गर्द, गर्मा, गदा व गोरिस्तान।'

मतलब कि मुल्तान का उपहार चार चीज़ें हैं— धूल, गर्मी, फ़क़ीर और क़ब्रिस्तान।

भारत से पाकिस्तान जाने वाले आम तौर पर लाहौर और कराची ही जाते हैं। मुल्तान कम ही लोग जाते हैं। मैंने अपने मित्र अमरीका-वासी कहानीकार उमेश अग्निहोत्री को जब यह बताया कि मुझे मुल्तान का वीज़ा भी मिल गया है तो उन्होंने ई-मेल भेजा था। ''जगह है आग़ापुरा। यहाँ कभी नन्दलाल आकर बसे थे। वे कवि थे और गुरु गोविन्द सिंह के प्रिय शिष्य भी थे। फारसी कविता पर भी उनका अधिकार था। ग़ज़नी से मुल्तान आकर बसे तो उनके नाम पर इस मोहल्ले का नाम पड़ गया था जिसमें हिन्दू परिवार रहा करते थे। इसका नाम बाद में आग़ापुरा मोहल्ला पड़ गया था। यह दिल्ली दरवाज़े के पास था। मकान दो मंज़िला था और उसमें बारह कमरे थे। पास ही एक गुरुद्वारा था। पुष्पा जी (उमेश अग्निहोत्री की पत्नी) के नाना का नाम लाला कुँवरभान था। एक नाम और बताया था उन्होंने भवानी मल... पाकिस्तान की यात्रा के लिए शुभकामनाएँ... उमेश।''

मुल्तान आने से पहले ही यह तय कर रखा था कि मुल्तान में उमेश अग्निहोत्री की पत्नी पुष्पा जी के नाना का मकान तलाश करना है। मेरे ख़याल से पुरानी यादों से... अच्छी हों या बुरी हों... सामना करने से हिम्मत आती है। मैं चाहता था मित्र उमेश और पुष्पा जी को कुछ खोज कर दिखा दूँ।

मुल्तान में मेरे सम्पर्क व्यक्ति शाकिर अली शाकिर थे जो कवि हैं और मुल्तान में उनका प्रकाशन और किताबों की दुकान है। मैं उन्हें सीधे नहीं जानता था। कुछ मित्रों ने यह सम्पर्क सूत्र दिया था। बहरहाल लाहौर पहुँचने के बाद से ही मैं शाकिर साहब के सम्पर्क में था और उन्हें मालूम था कि मैं कब और कैसे मुल्तान आ रहा हूँ। उन्होंने कृपापूर्वक मुझे 'रिसीव' करने अपने बेटे को 'देवू स्टेशन' भेज दिया था। वह मुझे वहाँ मिल गया और उसके साथ मंगोल होटल आ गया। छोटा पर साफ़-सुथरा कमरा। पुराना होटल, शहर के अन्दर। मैं यही चाहता था। किराया भी वाजिब ही था।

कमरे में मुझे सामान-वामान लगाते कुछ ही देर लगी थी कि शाकिर साहब दो और दोस्तों के साथ आ गये। छोटे कमरे में हम सब किसी तरह बैठ गये। प्रोग्राम यह बना कि अभी शाम को मियाँ आसिफ़ रशीद मुझे शहर दिखाएँगे और कल मसूद काज़मी साहब आएँगे। अभी हम बातें कर ही रहे थे कि मेरा फोन बजा। उधर से जो आवाज़ आयी वह अपने लाहौर वाले मोहाफ़िज की आवाज़ लगी। मुझसे कहा गया कि मैंने मुल्तान के अपने सम्पर्क सूत्र शाकिर साहब का जो फोन नम्बर दिया है, वह लग नहीं रहा, क्या कोई दूसरा नम्बर मैं दे सकता हूँ।'' मैंने कहा, ''शाकिर

साहब मेरे पास ही बैठे हैं। आप उनसे बात कर लें।'' मैंने शाकिर साहब को फोन दे दिया। वे बातें करते कमरे के बाहर चले गये। लौट कर आये तो बताया कि मुल्तान के ही 'मोहाफ़िज' का फोन आया था। पहले मैं समझा कि यह सामान्य-सी बात है लेकिन बाद में पता चला कि मुल्तान, लाहौर या कराची नहीं है। पहली बात तो यह कि मुल्तान प्रधानमन्त्री का चुनाव क्षेत्र है, भूतपूर्व विदेश मन्त्री का भी 'होम टाउन' यही है। इस वजह से यह काफ़ी संवेदनशील शहर माना जाता है। तीसरी बात यह है कि मेरे यहाँ आने का तर्क 'मोहाफ़िजों' की समझ में नहीं आ रहा था।

शाम को मियाँ आसिफ़ रशीद मुझे लेकर निकले। पहले मियाँ आसिफ़ रशीद का परिचय करा दूँ। उनकी किताब 'दलीले सहर' का उल्लेख इससे पहले किया जा चुका है। मियाँ आसिफ़ पाकिस्तान माने हुए कला समीक्षक और बुद्धिजीवी हैं। बुनियादी तौर पर अर्थशास्त्री होने के कारण उनके अन्दर वैज्ञानिक विश्लेषण की क्षमता है जिसके माध्यम से वे सामाजिक सांस्कृतिक परिदृश्य को विश्लेषित करते हैं।

मियाँ आसिफ़ पुराने मुल्तान शहर यानी 'वाल्ड सिटी' के अन्दर ले गये। पतली गलियों, सीढ़ियों, ककई ईंट की मोटी दीवारों, टेढ़े-मेढ़े सँकरे रास्तों, मज़हबी जलसों, मजलिसों के पोस्टरों से लिपी-पुती दीवारों को देखते हम एक पुरानी मज़ार में पहुँचे। यह कब्रिस्तान भी है, मस्जिद भी है और इमामबाड़ा भी है। यहाँ से हम और आगे बढ़े किसी और दरगाह जा रहे थे कि आसिफ़ की पत्नी का फोन आया और उन्होंने बताया कि शहर में एक 'क्राफ्ट मेला' हो रहा है, हम लोग चाहें तो वहाँ जा सकते हैं। आसिफ़ को आइडिया पसन्द आया और उन्होंने गाड़ी मोड़ दी।

मेला किसी भी मेले की तरह था लेकिन फ़र्क़ यह था कि आसिफ़ जब भी किसी स्टॉल के मालिकों को यह बताते थे कि मैं भारत से आया हूँ तो क्राफ्टमैन या स्टॉलों के मालिक अपना प्यार और लगाव दिखाने के लिए अपने स्टाल का कोई सामान भेंट करना चाहते थे। मुल्तानी मिट्टी से बने सामान की दुकान पर गया तो बहुत ज़ोर देकर दुकानदार ने गुलदस्ता भेंट कर दिया। किताबत की स्टॉल पर गया तो कातिब ने कहा कि वह मेरा नाम अपने स्टाइल से ऊँट की खाल पर लिखकर मुझे भेंट करना चाहता है। और उसने किया भी। गिलगिट से आयी दस्तकार महिला ने छोटी-सा कलात्मक पर्स भेंट किया। मैं हैरान था कि पाकिस्तान के लोग भारत से आये मुझ अदना-से आदमी के प्रति इतने आकर्षित क्यों हैं? यह आकर्षण दरअसल भारत के प्रति था।

मेले में एक स्टेज पर गाने और नृत्य का कार्यक्रम भी चल रहा था। मैं देखने लगा। एक छोटी बच्ची... उम्र यही कोई दो-ढाई साल रही होगी, मंच पर लायी गयी और बताया गया कि वह गाना सुनाएगी। लड़की ने माइक पर गाना शुरू किया, 'मुन्नी बदनाम हुई...' हिन्दी की एक सुपरहिट फ़िल्म का गाना, मुल्तान के क्राफ्ट मेले में एक बच्ची के मुँह से सुनकर लगा कि यह एक देश के दो रूप हैं और अगर इतिहास के किसी मोड़ पर ये दो देश हो भी गये हैं तो इनका रिश्ता प्यार-मोहब्बत-भाईचारे-इनसानियत-मेलजोल और सहयोग वाला होना चाहिए न कि दुश्मनी का रिश्ता।

रात मियाँ आसिफ़ रशीद ने होटल छोड़ दिया। मैं लाहौर से अपने साथ कुछ पत्रिकाएँ लाया था, उन्हें पढ़ने लगा। एक पत्रिका में पाकिस्तान के ब्लैस्फेमी कानून (धारा 298-ए, 298-बी, 298-सी) मतलब पैगम्बर मुहम्मद साहब का अपमान और अवमानना करने सम्बन्धी कानून पर लेख छपा था। मैं मुल्तान के मंगोल होटल के कमरे में लेख पढ़ने लगा और रातभर सो नहीं सका।

पाकिस्तान के राष्ट्रपति ज़ुल्फ़िकार अली भुट्टो और फिर लेफ्टीनेंट जरनल ज़ियाउल हक़ ने अपनी सत्ता बनाये रखने और लोकतान्त्रिक आन्दोलन को दबाये रखने के लिए इस्लाम धर्म का सहारा लिया था और पाकिस्तान का 'इस्लामाइज़ेशन' कर दिया था। पाकिस्तान को इस्लामी रिपब्लिक बना दिया गया था। इस्लामी कानून बनाए गये थे। इन्हीं कानूनों में ब्लैस्फैमी लॉ भी बनाया गया था। इसके अन्तर्गत अगर किसी ग़ैर मुस्लिम के बारे में दो मुसलमान ये गवाही दे दें कि आदमी/औरत ने ऐसा कुछ किया, लिखा, बोला है जिससे पैगम्बर मुहम्मद साहब का अपमान होता है, तो धार्मिक अदालत आरोपी को फाँसी की सजा देगी।

इस कानून का एक पक्ष यह है कि मुस्लिम जनता के दिमाग़ में यह बात बैठा दी गयी है कि तौहीने रिसालत करने वाले की हत्या से पवित्र काम कोई और काम नहीं होता। खुले आम धार्मिक नेता घोषणाएँ करते हैं कि यदि अमुक-अमुक 'ब्लैस्फैमी' के अपराधी की कोई हत्या कर देगा तो उसे इतने लाख इनाम मिलेगा।

यही वजह है कि सलमान तासीर के हत्यारे के पक्ष में लाखों लोग सड़कों पर निकल आये थे। सलमान तासीर, पंजाब के गवर्नर के पद पर आसीन थे। उनकी ग़लती केवल इतनी थी कि तौहीने रिसालत की अपराधी ईसाई महिला आसिया

बीबी से मिलने जेल गये थे। उनका कहना था तौहीने रिसालत कानून कुरान का कानून नहीं है। यह मनुष्यों द्वारा बनाया गया है जिस पर विचार किया जा सकता है।

तौहीने रिसालत कानून देश की इतनी संवेदनशील समस्या बन गयी है कि केन्द्रीय गृहमन्त्री रहमान मलिक ने यह घोषणा की है कि वे स्वयं तौहीने रिसालत करने वाले की हत्या कर सकते हैं। सबसे ख़तरनाक बात यह है कि पाकिस्तान की उदारपन्थी सिविल सोसाइटी इस प्रकार की आक्रमक धर्मान्धता के कारण 'सिमटती' चली जा रही है। यह नहीं लगता कि निकट भविष्य में धर्मान्धता को चुनौती दी जा सकेगी।

'डेली टाइम्स' (11 मार्च, 2011) ने एक रिपोर्ट छापी है जिसके अनुसार 32 लोगों को जिनमें अधिकतर ईसाई और अहमदिया थे, धार्मिक अदालतों ने तौहीने रिसालत के आरोपों में फाँसी की सजा दी थी। इन 32 लोगों के केस जब सरकारी अदालतों में आये तो, सबूत और गवाहों के अभाव में इन 32 लोगों को कोर्ट ने बरी कर दिया। लेकिन बरी होने के बाद इन सभी को इस्लामी कट्टरवादियों ने मार डाला। यही नहीं उन दो जजों की भी हत्या कर दी गयी जिन्होंने इन्हें बरी किया था।

पाकिस्तान की पत्रिका 'द हेराल्ड' ने पाकिस्तान को मानव अधिकार कमीशन द्वारा दिए गये आँकड़ों के आधार पर छापा है कि 1986 से जनवरी 2011 तक कम-से-कम 39 लोगों को तौहीने रिसालत के आरोप में उनके मुकदमों की कार्यवाही शुरू होने से पहले मार डाला गया था। इनमें 35 हत्याएँ पंजाब में हुई थीं। तीन सिन्ध में और एक ख़ैबर-पख़्तून ख़ाँ में की गयी थी। अधिकतर हत्याएँ कट्टरपन्थी द्वारा आरोपी को पत्थर से मार-मार कर की गयी थीं। कुछ को जेल में मार डाला गया था। कुछ को गोली मारी गयी थी।

आधी रात के वक़्त, मुल्तान के मंगोल होटल के कमरा नं. 113 में मैं यह सोचने लगा कि यहाँ जीवन कितना सस्ता है। धर्मान्धता चाहे वह जिस धर्म की हो कहाँ ले जाती है? मुझे बाबरी मस्जिद ध्वंस और गुजरात का नरसंहार याद आने लगा। मैं दोनों स्थितियों की तुलना करने लगा। सोचने लगा दो लोग— पूरे देश में दो लोगों का मिलना कितना आसान होगा जो यह कह सकें कि मैंने तौहीने रिसालत की है। बस इतना काफी है फिर हत्या कर दी जाएगी। भारत में अगर मैं हशिमपुरा, अहमदाबाद में होता तो हत्या कर दी जाती क्योंकि मैं मुसलमान हूँ।

दीवार लगी घड़ी लगातार टक-टक करती रही और मेरे बदन में सिहरन होती रही। आरोपियों को पत्थर मार-मार कर मार डालने के दृश्य मेरी आँखों के सामने कौंधते रहे। सोचने लगा कोई ईसा नहीं जो यह कह सके कि पत्थर वही मारे जिसने स्वयं कोई गुनाह न किया हो।

अगले दिन सुबह होटल के कमरे सैयद मसूद काज़मी आये। बातचीत होने लगी। पता चला काज़मी साहब पत्रकार हैं और 'आस टाइम्स के चीफ ऐडिटर हैं। शहर के जाने-माने बुद्धिजीवी हैं। उनका परिवार भी भारत विभाजन के समय पाकिस्तान आया था।

बात थोड़ी और आगे बढ़ने लगी तो अचानक मेरे ऊपर हैरत का पहाड़ टूट पड़ा। काज़मी साहब ने बताया कि उनका परिवार उत्तर प्रदेश के ज़िले फतेहपुर से कराची गया था। मैंने उन्हें बताया कि मैं भी फतेहपुर का हूँ और पुश्तैनी घर वहीं है। काज़मी साहब ने पाकिस्तान में अपने परिवार की कहानी बतायी। यह पता चला कि उनके पिता जी गाँव में जो ज़मीन वग़ैरह छोड़ आये थे, उसके बदले उन्हें पाकिस्तान में कुछ नही मिला।

कुछ देर बाद हम लोग मुल्तान का पुराना शहर देखने निकले।

होटल की पार्किंग में काज़मी साहब की लाल रंग की प्यारी-सी मोटरसाइकिल खड़ी थी जो देखने में मोटरसाइकिल और मोपेड के बीच की चीज़ नज़र आती थी। काज़मी साहब ने बताया यह मोटरसाइकिल कम्पनी ने उन्हें कुछ डिस्काउंट पर दी है क्योंकि उन्होंने अपनी पत्रिका 'आस टाइम्स' में उसका विज्ञापन छापा था। उन्होंने यह भी बताया कि मोटरसाइकिल बैटरी से चलती है और अस्सी किलोमीटर के बाद बैट्री चार्ज करना पड़ती है। मैं मोटरसाइकिल की प्रशंसा करके उस पर बैठ गया।

प्रोग्राम में था कि काज़मी साहब 'वाल्ड सिटी' के अन्दर ले जाएँगे और वे इलाके दिखाएँगे जो सबसे पुराने हैं। मेरी भी दिलचस्पी उसी में थी। रात शायद बारिश हुई थी या पता नहीं क्या था कि सड़कों पर कीचड़ था। भीड़-भाड बहुत ज़्यादा थी और उसी की तुलना में शोर शराबा भी था। काज़मी साहब की मोटरसाइकिल 'वाल्ड सिटी' के एक पुराने दरवाज़े से अन्दर जाने लगी। थोड़ी-सी चढ़ाई थी। काज़मी साहब ने एक्सीलेटर पर जोर डाला, मोटरसाइकिल ने अपनी औकात से ज़्यादा आवाज़ें निकालीं लेकिन आगे नहीं बढ़ी तो काज़मी साहब हैडिंल को दायें-

बायें घुमाने लगे ताकि कुछ गति आये। इस कोशिश में मोटरसाइकिल डगमगाने लगी और मेरे लिए सन्तुलन बनाये रखना कुछ मुश्किल हो गया। लेकिन मैं मुल्तान की सड़क पर गिरकर ज़ख़्मी नहीं होना चाहता था। मैंने दोनों पैर टेक दिये। मोटरसाइकिल ने फिर पूछा दम लगाया लेकिन बात बनी नहीं। काज़मी साहब से मैंने पूछा कि मैं उतर जाऊँ?'' काज़मी साहब ने सख्ती से मना कर दिया। उनका इशारा था कि मोटरसाइकिल की ताकत पर शक करने का मुझे कोई हक नहीं है। बहरहाल मैं पीछे बैठा रहा और इस तरह डोलता रहा जैसे 'रोला-क्रोटा' पर होता है। आख़िर, काज़मी साहब ने कहा, ''आप थोड़ा उतर जाइये, चढ़ाई है।'' मैं फौरन से पेश्तर उतर गया। मुश्किल ये थी कि मेरे बैग में कैमरा था और डर था कि मैं गिरा तो कैमरा टूट जाएगा।

काज़मी साहब ने बड़े प्यार और खुलूस से शहर की फसील दिखाई। वह रास्ता दिखाया जिस पर फसील बनी थी। गलियाँ, कूचे, नुक्कड़ दिखाये। काज़मी साहब शहर के अच्छे जानकार हैं। उन्हें ये भी मालूम था कि इन मोहल्ले में कौन रहते हैं या पार्टीशन से पहले कौन रहते थे। उन्होंने मुझे हिन्दुओं के मोहल्ले दिखाये जहाँ पुरानी शानदार हवेलियाँ अपने अतीत के वैभव का बखान कर रही थीं। मैं सोचने लगा इतनी बड़ी और भव्य इमारतें बनाना एक पीढ़ी का काम नहीं है। न जाने कितनी पीढ़ियों का धन संचित होता है तब एक इमारत बनती है और जब अचानक उस इमारत के मालिक से कहा जाता है कि अब यह तुम्हारी नहीं है तुम इसे छोड़ कर चले जाओ, तो उसे कैसा लगता होगा।

पुरानी शानदार हवेली की तीसरी मंजिल पर हवेली के मालिक के नाम का पत्थर पढ़ना मुश्किल काम था। मैंने दूसरा कैमरा निकाला जिसमें काफ़ी अच्छा 'ज़ूम लेंस' लगा था। हवेली की तीसरी मंज़िल पर लगे पत्थर पर ज़ूम इन किया तो (ॐ) के नीचे 1931 लिखा था। कलात्मक ढंग से पत्थर में बेलबूटे बनाकर दाहिनी तरफ़ उर्दू में गोस्वामी ब्रज कुमार और उसके नीचे कृष्ण कुमार लिखा था। बायीं तरफ़ पहलवान गोस्वामी कांशीराम लिखा था। ऐसी न जाने कितनी इमारतें थीं।

बारह बजे के क़रीब काज़मी साहब ने कहा कि वे अपने ऑफ़िस जाना चाहते हैं क्योंकि मोटरसाइकिल की बैटरी को चार्ज करने की ज़रूरत है।

हम लोग मुल्तान के प्राचीनतम किले, जो अब एक विशाल टीला है और जिस पर मध्ययुग के स्मारक बने हैं, के पास आ गये। यहाँ काज़मी साहब एक

पुरानी और जर्जर किस्म की इमारत के सामने मोटरसाइकिल रोक दी। इमारत के नीचे कुछ बहुत साधरण किस्म की दुकानें थीं। एक पठान दुकान के बाहर अँगूठियाँ वग़ैरह बेच रहा था। इमारत को देखकर काज़मी साहब ने कहा, "यह इमारत गिरायी जाने वाली है।"

"क्यों?"

"कार्पोरेशन वालों का कहना है कि यह किसी भी वक़्त गिर सकती है।" मैं परेशान हो गया। मतलब हम ऐसी इमारत के अन्दर जा रहे हैं जो किसी भी वक़्त गिर सकती है।

मोटरसाइकिल खड़ी करके वे लोहे के सीखचे लगे एक दरवाज़े पर आये और ताला खोलने लगे। सामने सीढ़ियाँ दिखायी पड़ रही थीं। सीढ़ियों पर कूड़ा भी नज़र आया। कुछ सीलन का भी एहसास हुआ। सीखचों वाला दरवाज़ा खोलकर वे सीढ़ियाँ चढ़ने लगे। सीढ़ियों पर सीलन थी। कुछ अँधेरा-सा था। हम ऊपर आ गये। लड़की के जर्जर दरवाज़े में लगा ताला खोलते हुए काज़मी साहब ने कहा, "मैं दो महीने के बाद ऑफ़िस आ रहा हूँ। कभी मेरे साथ चार सब एडीटर काम किया करते थे... मैं पिछले महीनों बीमार रहा इसलिए मैगजीन भी नहीं निकल सकी... अब सबसे पहले तो मैं ऑफ़िस शिफ़्ट करूँगा।"

कोई पन्द्रह फीट लम्बा और आठ-दस फीट चौड़ा कमरा था जिसमें सम्पादक की मेज़ के अलावा एक मेज़ और थी। हर जगह पुराने अख़बार, काग़ज़, लिफ़ाफ़े, चिट्ठियाँ, फाइलें बिखरी पड़ी थीं और हर चीज़ पर इतनी धूल थी कि काज़मी साहब की बात पर यकीन करना पड़ता था कि वे दो महीने बाद ऑफिस आये हैं! काज़मी साहब ने चीज़ों को ठीक से रखना और सफ़ाई करना शुरू किया। मैंने सोचा यह काम इतना आसान नहीं है इसलिए उन्हें रोका; वे नहीं रुके तो मैं उनकी मदद करने लगा।

चीफ़ एडीटर की मेज़ के पीछे टॉयलेट का दरवाज़ा था और बराबर ही एक किचन था जहाँ चाय के अनधुले कप पड़े थे। कपों में चाय के दाग़ सूख चुके थे। काज़मी साहब ने काम चलाऊ सफ़ाई कर ली। हम दोनों बैठ गये तो उन्होंने कहा कि क्या मैं चाय पीना चाहता हूँ? मैं समझ गया कि दो महीनों से गन्दे पड़े कपों को साफ़ करने के बाद भी अगर उनमें चाय पी गया तो अतीत और वर्तमान एक हो जाएँगे। मैंने मना किया लेकिन काज़मी साहब की एक आदत है, जो मुझसे मिलती-जुलती है, वह यह कि जिस बात या काम को लोग मना करते हैं, उसे ज़रूर करते हैं। मेरे

मना करने के बावजूद उन्होंने चाय बनायी। हमने चाय पी। उसके बाद काज़मी साहब ने कहा कि मैं नीचे चला जाऊँ ऊपर से वे एक तार फेंकेंगे जिसमें एक प्लग लगा होगा, उसे मैं मोटरसाइकिल की बैटरी में लगा दूँ ताकि वह चार्ज हो जाये और हम लोग कुछ और घूम सकें।

बैटरी चार्ज होने के दौरान काज़मी साहब ने एक पुरानी फाइल निकाली जिसमें उनकी फतेहपुर की ज़मीन के कागज़ थे। उन्होंने खसरा, खितौनी तक सँभाल कर रखे हुए थे। कागज़ात के हिसाब से उनके वालिद फतेहपुर हसवा यू.पी. के गाँव बहेड़ा सादात, पोस्ट ऐरायाँ, तहसील खागा में 34.390 एकड़ ज़मीन के मालिक थे। वे मार्च 1949 में कराची आ गये थे। अपने गाँव के छोटे-मोटे जमींदार सैयद इफ्तिखार हुसैन वल्द मीर हसन को लांढ़ी मोहजिर कॉलोनी कराची, 30 सी-वन एरिया क्वाटर्स में 363 नम्बर का क्वार्टर दिया गया था।

कागज़ात दिखाते हुए काज़मी साहब बोले, "आज मेरे पास एक इंच ज़मीन नहीं है।"

"क्यों? कस्टोडियन से मिली होगी?" मैंने कहा।

"जज... पाँच हज़ार रुपये माँगता था... अब्बा के पास... आप जानते हैं... खाने के लाले पड़े थे... नहीं दिया... केस हार गये।"

मैं कागज़ात को उलटने-पलटने लगा। इसमें सैयद हसन मुज्तबा के नाम शिआ इंटर कॉलेज, लखनऊ के एथलीटिक डिपार्टमेंट का एक सर्टिफिकेट मिला जिसमें प्रमाणित किया गया था कि वे 1942-44 के बीच स्कूल की हॉकी, क्रिकेट और फुटबाल टीम के सदस्य थे। मैंने पूछा, "सैयद हसन मुज्तबा कौन थे?"

"मेरे बड़े अब्बा।"

"वे भी पाकिस्तान आ गये थे।" मैंने पूछा।

"हाँ...।" वे बोले।

"फिर?"

"उनके साथ भी यहाँ कुछ अच्छा नहीं हुआ।" वे ख़ामोश हो गये। मैंने बहुत कुरेदना ठीक नहीं समझा।

कुछ देर के बाद मैंने काज़मी साहब से कहा, "जिस तरह आपके वालिद फतेहपुर हसवा के गाँव बहेड़ा सादात से कराची आये थे उसी तरह पुष्पा अग्निहोत्री के नाना मुल्तान से दिल्ली गये थे। वे मुल्तान में दिल्ली गेट के बाहर

आग़ापुरा मोहल्ले में रहते थे। उन्होंने मुझसे अपना घर देखने को कहा है। क्या आप इस काम में मेरी मदद कर सकते हैं?''

काज़मी साहब फौरन तैयार हो गये। बैट्री चार्ज हो चुकी थी। हम दिल्ली गेट की तरफ़ निकले। काज़मी साहब ने बताया कि दिल्ली गेट की अभी हाल ही में मरम्मत करायी गयी है। उन्होंने एक जगह मोटरसाइकिल खड़ी कर दी। मैं दिल्ली गेट की तस्वीरें लेने लगा। पूछने पर पता चला कि मोहल्ला आग़ापुरा दिल्ली गेट से बाहर है। हम बाहर आ गये। एक पहचान यह बतायी गयी थी कि उसके पास गुरुद्वारा था। काज़मी साहब ने एक बूढ़े दुकानदार से गुरुद्वारे के बारे में पूछा तो उसने कहा, ''हाँ यहाँ, उधर एक छोटा-सा गुरूद्वारा हुआ तो करता था।''

''अब कहाँ है?'' मैंने पूछा।

''अब?'' उसने मेरी तरफ़ देखा।

''धीरे-धीरे गिरता चला गया था, फिर लोगों ने उसका मलबा हटा कर दुकानें लगा लीं।''

हम लोग जहाँ गुरुद्वारा हुआ करता वहाँ आये और पास वाली पहली गली में घुसे। उमेश जी ने लिखा था, दो मंज़िला मकान था जिसमें बारह कमरे थे। मुझे जो भी दो मंज़िला बड़ा मकान मिला। मैंने तस्वीर खींच ली। सोचा इन्हीं में से कोई होगा और पुष्पा जी अपने नाना का घर पहचान लेंगी। एक गली के दो मंज़िला मकानों की तस्वीरें लेकर मुझे सन्तोष नहीं हुआ। मैं पास की दूसरी और तीसरी गली के सभी दो मंज़िला मकानों को कैमरे में क़ैद कर लिया।

रात का खाना-वाना खाकर कमरे में लेटा ही था कि शाकिर साहब का फोन आ गया। इधर-उधर की बातचीत के बाद कहा, ''कल की ट्रेन से आपका कराची जाने का टिकट करा दें।'' मुझे कुछ हैरत हुई। फिर सोचा क्या जल्दी है कि मैं मुल्तान एक ही दिन बाद छोड़ दूँ? फिर सोचा हो सकता है 'मोहफ़िज़ों' का दबाव हो। मैंने कहा, शाकिर साहब मैं कल ही तो आया हूँ। अभी मुल्तान ठीक से देखा तक नहीं... अगर कल मैं कराची चला जाता हूँ तो यहाँ आने की कोई ज़रूरत ही न थी और फिर मैं बूढ़ा आदमी हूँ। इतना स्ट्रेन नहीं ले सकता।''

ज़ाहिर है मेरे इस जवाब पर वे क्या कहते। फोन रखने के बाद मैं फिर सोचने

लगा कि यह मसला क्या है।

रात का ग्यारह बज चुका था। कुछ पढ़ रहा था कि अचानक किसी ने दरवाज़ा खटखटाया। दिल में सौ तरह की बातें आने लगीं लेकिन दरवाज़ा तो खोलना ही था। सामने मुल्तान पत्रकार संघ के महामन्त्री रज़ी साहब खड़े थे जिनसे मैं पहले दिन ही मिल चुका था।

''प्रेस क्लब चलेंगे।'' उन्होंने मुझसे पूछा।

''अभी'' मैंने हैरत से कहा।

''हाँ... यहीं क़रीब ही है।''

''प्रेस क्लब कितने बजे तक खुलता है?'' मैंने पूछा।

''पूरी रात।'' वे बड़े आत्म विश्वास से बोले।

''पूरी रात?''

''हाँ पूरी रात।'' उन्होंने दोहराया।

''इसका मतलब हुआ चौबीस घंटे।''

''हाँ... पूरे दिन तो खुला ही रहता है।''

''मैंने ज़िन्दगी में बहुत कम प्रेस देखे हैं... लेकिन शायद।''

हम बाहर निकल आये। सड़क पर बिलकुल सन्नाटा तो नहीं था लेकिन ट्रैफिक बहुत कम हो गया था। प्रेस क्लब तक आने में ज़्यादा वक़्त नहीं है। यह एक ख़ासी बड़ी, नयी बनी इमारत थी। इसके कम्पाउंड में कारें और बड़ी तादाद में मोटरसाइकिलें खड़ी थीं।

अन्दर एक बड़े से हॉल में बड़े साइज का टीवी चल रहा था। इधर-उधर सोफे पड़े थे जिनमें पत्रकार पसरे पड़े थे या चाय पी रहे थे। हाल से निकल कर हम दूसरे कमरे में आ गये क्योंकि हाल में टीवी की आवाज़ ख़ासी ऊँची थी।

''पहले तो ये बताइये कि यहाँ का प्रेस क्लब पूरी रात क्यों खुलता है?'' मैंने पूछा।

''जो जर्नलिस्ट रात की शिफ्ट में आते हैं वे पहले यहाँ आ जाते हैं, यहाँ बैठते हैं, यहीं से अख़बार के दफ़्तर चले जाते हैं। जिनकी शिफ़्ट रात में ख़त्म होती है वे भी यहीं चले आते हैं।''

''वे रात में घर क्यों नहीं जाते?''

''कुछ के घर शहर से दूर है... कुछ आसपास के कस्बों से आते हैं।'' रज़ी साहब बोले। मुझे लगा असली बात वे छिपा रहे हैं। वह शायद यह है कि

पत्रकारों का रात के समय अकेले घर जाना ख़तरनाक साबित हो सकता है।

कुछ और पत्रकार भी आ गये। भारतीय पत्रकार जगत और पाकिस्तान की चर्चा होने लगी। उन्हें यह जाकर आश्चर्य हुआ कि भारत में पत्रकारों को इतनी 'मोटी-मोटी' सैलरी मिलती है। फिर बात होने लगी अख़बारों के दामों पर। मैंने लाहौर की अनारकली बाज़ार के मोड़ पर जब अख़बार ख़रीदे थे तो बड़ी हैरत हुई थी। अपनी भारतीय आदत के मुताबिक मैंने पाँच-छह अख़बार और दो-तीन पत्रिकाएँ ख़रीद ली थीं। अख़बारवाले से पैसे पूछे तो उसने आठ सौ रुपये बताये थे।''

''आठ सौ!'' मैं हैरान रह गया था।

बाद में पता चला कि पाकिस्तान में अख़बार बहुत महँगे हैं। किसी अख़बार का दाम पच्चीस रुपये से कम नहीं है। पत्रिकाएँ ढाई तीन सौ रुपये की आती हैं। ऐसा क्यों है, बताते हुए लोगों ने कहा था पाकिस्तान के अख़बारों को उतना विज्ञापन नहीं मिलता जितना भारत के अख़बारों को मिलता है। अब सवाल यह है क्यों? उसका जवाब यह दिया गया कि व्यापार, उद्योग, मंडी, मार्केट जितनी बड़ी भारत में है उतनी बड़ी पाकिस्तान में नहीं है। इसलिए पाकिस्तान में विज्ञापन व्यवसाय उतना विकसित नहीं है, जितना भारत में है।

यहाँ बातचीत से यह भी पता चला कि भारत में पत्रकार जिस तरह सरकार से सुविधाएँ प्राप्त करते हैं, वैसी यहाँ नहीं मिलतीं।

रात एक बजे के करीब रज़ी साहब ने होटल पहुँचा दिया। मुझे अच्छी तरह से पता लग गया था कि भारत और पाकिस्तान में पत्रकार होने का एक मतलब नहीं है। हालाँकि दोनों जगह समानताएँ हैं लेकिन पाकिस्तान का पत्रकार भारत के पत्रकार की तुलना में ज़्यादा असुरक्षित है। अन्तरराष्ट्रीय संस्था 'कमेटी टु प्रोटेक्ट जर्नलिस्ट' की ताज़ी रिपोर्ट के अनुसार 1992 से लेकर 2010 तक पाकिस्तान में 39 पत्रकारों की हत्याएँ की गयी हैं। भारत में यह संख्या 27 है। पाकिस्तान के मानव अधिकार आयोग की रिपोर्ट के अनुसार सन् 2009 में ही सात पत्रकारों की हत्याएँ हुई थीं। पाकिस्तान में मीडियाकर्मियों के अपहरण, कातिलाना हमलों, मारपीट, धमकियों में लगातार बढ़ोतरी हो रही है। सन् 2009 में ही 163 मीडियाकर्मियों प्रताड़ित किया गया था। पंजाब में 54, सरहदी सूबों में 52, इस्लामाबाद में 28 बिलोचिस्तान में 03 मीडियाकर्मियों पर हमले किये गये थे।

बिलोचिस्तान में अख़बारों के दफ़्तरों को पुलिस तथा अर्ध सैनिक बल घेरे

रहते हैं। 2009 में उर्दू डेली 'असाप' ने घोषणा की थी कि वह अपना प्रकाशन बन्द कर रहा है क्योंकि दो सप्ताह तक सुरक्षा बलों ने अख़बार के ऑफिस में आने जाने वालों की तलाशी और पूछगछ का ऐसा अपमानजनक चक्र चलाया था कि अख़बार को अपना बोरिया बिस्तर बाँधने का फैसला करना पड़ा था। 'आज़ादी' अख़बार के दफ़्तर के बाहर भी यही हाल था। इन अख़बारों को सरकारी विज्ञापन रोक दिये गये थे। जबकि उनका सर्कुलेशन बहुत ज़्यादा था। पाकिस्तान मानव अधिकार आयोग ने अपनी 2009 की रिपोर्ट में विस्तार से पत्रकारों पर किये गये हमलों का विवरण दिया है, जो अकल्पनीय लगता है।

रात होटल के डायनिंग हाल में खाना खाने गया तो वहाँ होटल के युवा मालिक इमरान मिल गये। उन्होंने कहा कि मैं तो आपको डिनर के लिए 'इनवाइट' करना चाहता था। चलिए मेरे साथ खाना खाइये। मैं उनके ऑफिस आ गया। यहाँ उनके बड़े भाई कम्प्युटर पर कुछ काम कर रहे थे। दोनों सामने सोफे पर आकर बैठ गये और इंडिया के बारे में सवालों की झड़ी लगा दी। एक बात मैं महसूस कर रहा था कि उन्हें भारत के बारे में अच्छी ख़ासी जानकारी है। दूसरा यह पता चला कि वे पिछले पच्चीस साल के दौरान भारत में आयी आर्थिक प्रगति और 'ख़ुशहाली' के समर्थक है। वे भारत की उपलब्धियों की प्रशंसा कर रहे थे। पाकिस्तानी समाज के 'तलेबानीकरण' से बहुत चिन्तित थे। पूरी दुनिया घूमना चाहते थे। पैसा था। विदेश में पढ़ना चाहते थे। लेकिन मजबूरी ये थी कि वीजा नहीं मिलता था। उन्होंने बताया पाकिस्तानी युवाओं और छात्रों को योरोप और अमरीका का वीजा बहुत मुश्किल से मिलता है। हद यह है कि टूरिस्ट वीजा भी आसानी से नहीं मिलता।

मैंने काज़मी साहब से मैंने कई बार कहा था कि आप बुजुर्ग आदमी हैं, तबीयत भी ठीक नहीं रहती। आप रोज़ मुझे घुमाने ले जाते हैं। आपको तकलीफ देना मुझे अच्छा नहीं लगता। आप किसी नौजवान आदमी को ये जिम्मेदारी सौंप दें। अगर वह चाहेगा तो मैं उसे कुछ मेहनताना भी दे सकता हूँ। मेरी इस बात के जवाब में वे हमेशा 'नहीं' के अलावा कुछ और नहीं कहते थे। यह निश्चित रूप से उनका प्यार

और लगाव था। लेकिन मैं कुछ ज़्यादा आज़ाद होकर घूमना चाहता था जो काज़मी साहब की मोटरसाइकिल और शहर में उनके सामाजिक सम्बन्धों के चलते कुछ मुश्किल नज़र आता था। अकसर कहीं जाते-जाते वे किसी दफ़्तर में बैठ जाते थे, परिचितों से गप मारने लगते थे। मैं बैठा कुड़ता रहता था कि मेरे पास टाइम कम है, बहुत देखना है। मैं गप्प में टाइम क्यों बर्बाद कर रहा हूँ। लेकिन काज़मी साहब शायद जल्दी थक जाते थे, या ये समझते थे कि मैं जल्दी थक जाता हूँ... बहरहाल यही सूरते हाल थी। मैंने सुना था पुराने शहर में कुछ मन्दिर हैं। उन्हें मैं देखा चाहता था। पर काज़मी साहब अपने हिसाब से घुमाने पर यक़ीन करते थे। उन्होंने मुझे अपनी कई भूतपूर्व प्रेमिकाओं के घर दिखाये। कई ऐसी जगहें दिखायीं जो उनके लड़कपन के रोचक प्रसंगों से जुड़ी हुई थीं। बहरहाल वे मेरे लिए जो कर रहे थे वह बहुत था और मैं उनका आभारी था।

पाकिस्तान की सरकार को अगर इतिहास में रुचि होती तो मुल्तान महाभारत कालीन इतिहास का ख़ज़ाना साबित होता। शहर में परत-दर-परत इतिहास छिपा हुआ है। मुल्तान का किला, जो अब एक विशाल टीला है और जिस पर मध्यकाल की विशाल इमारतें बनी हैं, पुरातत्त्वविदों के लिए दिलचस्पी का विषय है।

कहा जाता है मुल्तान का प्राचीन सूर्य मन्दिर यही था। आठवीं-नवीं शताब्दी में इसे लूट कर ध्वस्त कर दिया गया था। उसके बाद प्राचीन सूर्य मन्दिर के स्थान पर ही प्रह्लाद मन्दिर बनाया गया था। इस मन्दिर का सम्बन्ध होलिका और प्रह्लाद प्रसंग से जोड़ा जाता है। यह मान्यता है कि यहीं होलिका जली थी।

प्रह्लाद का विशाल मन्दिर मुल्तान क़िले में सूफी सन्त शेख बहाउद्दीन जकरिया के मकबरे के बराबर खड़ा था। विभाजन के बाद भी इस मन्दिर में पूजा आदि होती थी और श्रद्धालु दर्शन करने आते थे। लेकिन 1992 में बाबरी मस्जिद को तोड़े जाने की प्रतिक्रियास्वरूप मुल्तान का यह मन्दिर ध्वस्त कर दिया गया था।

ध्वस्त मन्दिर अब भी देखा जा सकता है। मुझे मालूम था कि विभाजन पूर्व मुल्तान हिन्दुओं और जैनियों का प्रमुख केन्द्र था। मैंने जिज्ञासावश काज़मी साहब से मुल्तान के हिन्दुओं के बारे में जानकारी चाही। हम लोग प्रह्लाद का ध्वस्त मन्दिर देखने जा रहे थे।

मैंने पूछा, ''क्या मुल्तान में हिन्दू हैं?''

उन्होंने कहा, ''हाँ हैं।''

''कहाँ रहते हैं? कितने हैं?''

''यही कोई दस-पाँच होंगे।'' वे बोले।

''कहाँ रहते हैं?''

''मुझे मालूम नहीं.. यहीं कहीं होंगे...।''

''क्या उनसे मिला जा सकता है?''

''मिला जा सकता है?'' उन्होंने आश्चर्य ये कहा।

''हाँ... हाँ...।''

''पता नहीं कहाँ होंगे... सब... वो... क्या कहते हैं... सफाई वग़ैरह का काम करते हैं।''

हम लोग प्रह्लाद मन्दिर के पास आ गये। शेख बहाउद्दीन ज़करिया के मक़बरे में बिलकुल पास विशाल मन्दिर इस तरह टूटा-फूटा पड़ा था जैसे किसी महान आदर्श के टुकड़े कर दिये गये हों। काज़मी साहब बोले, मुल्तान में हम लोग इस बात पर गर्व करते थे कि यहाँ 'रिलीजस टालरेंस' की इतनी बड़ी मिसाल थी... एक तरफ़ इतना महान सूफ़ी और दूसरी तरफ़ विशाल मन्दिर...।

''ये टूटा कैसे?''

''बस... उसी दिन जब अयोध्या में बाबरी मस्जिद तोड़ी जा रही थी... यहाँ लोगों को जोश दिलाया गया... आप जानते हैं... मुफ़्त की नेतागिरी करने वाले कम नहीं होते... हज़ारों आदमियों का जुलूस रवाना हुआ।''

''पुजारी वग़ैरह नहीं थे?'' मैंने पूछा।

''थे... वो बेचारे जान बचा कर, ख़ुदा जाने, भाग कर कहाँ चले गये। ख़ैर फिर क्या था लोगों ने मन्दिर तोड़ना शुरू कर दिया... कहते हैं कुछ मलबे के नीचे दब कर मर भी गये थे।''

''यही अयोध्या में भी हुआ था। बाबरी मस्जिद तोड़ने वालों में कुछ मलबे में दब कर मरे थे।''

हम लोग टूटे हुए मन्दिर के पास आ गये। मन्दिर का कोई भी भाग सही सलामत नहीं था। बड़े-बड़े टुकड़े ढेर थे जिन्हें देख कर लगता था कि मन्दिर काफ़ी बड़ा रहा होगा। मैं मलबे की तस्वीरें लेने लगा। ध्वस्त मन्दिर के मलबे को कँटीले तारों से घेर दिया गया था। हमने एक पूरा चक्कर काटा कि कहीं से

अन्दर जा सकें पर हर तरफ़ तार थे, ऊँची दीवार उठा दी गयी थी। मैं हर ऐंगिल से तस्वीरें लेता रहा।

काज़मी साहब ने कहा, ''मेरे पास इस मन्दिर की एक पुरानी तस्वीर है, मैं आपको दूँगा।''

''हाँ ये तो बहुत अच्छा होगा।'' मैंने कहा।

मन्दिर के मलबे की तस्वीरें लेते हुए मैंने काज़मी साहब से कहा, ''आपको याद होगा कुरान शरीफ की एक आयत है, तुम दूसरे के ख़ुदाओं को बुरा न कहो, ताकि वे तुम्हारे ख़ुदा को बुरा न कहें।''

''हाँ... हाँ... याद है।'' काज़मी साहब ने आयत अरबी में सुना दी। और बोले, ''ये भी साफ़ कहा गया है कि मजहब में ज़ोर ज़बरदस्ती मत करो।''

हाँ... काश पाकिस्तान इस्लामी देश ही होता। मैं सोचने लगा। इतने महान सूफ़ियों के शहर में मन्दिर को तोड़ना अजीब लगता है।

मध्यकाल में मुल्तान आध्यात्मिक पुरुषों का इतना बड़ा गढ़ बन गया था कि फारसी का शेर है—

'मुल्तान मा बा जन्नत आला बराबर अस्त
आहिस्ता पा बा-नाह के मलिक सज्दा मी कुनद'

मतलब यह कि मुल्तान उच्च स्तरीय स्वर्ग के बराबर है, आहिस्ता चलो कि फरिश्ते यहाँ सज्दा करते हैं।

मुल्तान के आध्यात्मिक पुरुषों में बहाउद्दीन ज़करिया का नाम बड़े सम्मान से लिया जाता है। वे 1170 में बग़दाद से पंजाब आये थे। पंजाब, बिलोचिस्तान, सिंध आदि की लम्बी यात्रा के बाद वे मुल्तान में ठहर गये थे। उनका सम्बन्ध सुहरावर्दी सूफी सिलसिले से था। उनके गुरु दिया-उल-दीन अबू नजीब सुहरावर्दी (1097-1168) ने उन्हें मुल्तान जाने का आदेश दिया था। सुहरावर्दी अपना सिलसिला हज़रत अली, जुनैद बगदादी, अल ग़ज़ाली आदि से जुड़ा मानते हैं। सुहरावर्दी संसार को तज कर नहीं; बल्कि संसार में रहकर तपस्या (इबादत) करने, साधना करने को श्रेष्ठ समझते हैं।

शेख बहाउद्दीन जक़रिया के पोते रुक-ने-आलम का मक़बरा पूर्वमुगल काल का ताजमहल कहा जाये तो बेजा न होगा। जिस तरह ताजमहल की

सुन्दरता का वर्णन नहीं किया जा सकता, उसी तरह रुक–नेआलम के मकबरे का ज़िक्र हमेशा अधूरा रहेगा।

आप मुल्तान शहर के किसी भी कोने में चले जाइये आपको रुक–ने–आलम का मकबरा दिखाई देगा क्योंकि यह प्राचीन किले के खंडहरों के ऊपर बना है। पच्चीस फीट ऊँचे और पाँच हज़ार गज़ स्क्वायर चबूतरे पर इमारत बनायी गयी है। चबूतरे के कारण मकबरे को देखने का 'स्पेस' मिलता है। मध्यकाल की इमारतों के कुशल कारीगर यह जानते थे कि 'देखने वाले' और इमारत का एक गहरा रिश्ता दोनों के बीच के फासले से निर्मित होता है। उदाहरण के लिए अगर किसी को ताजमहल की मुख्य इमारत से दस फीट दूर खड़ा करके उसकी आँखें खोल दी जायें तो वह ताज को देख ही नहीं पाएगा, एप्रीशियेट करना तो बाद की बात है।

इस मकबरे को आप दूर से देखते हैं तो इसकी सुन्दरता की केवल एक 'परत' खुलती दिखाई देती है। इस मकबरे का गुम्बद विश्व का दूसरा सबसे विशाल गुम्बद है। संसार का सबसे बड़ा गुम्बद बीजापुर में है।

मैं और काज़मी साहब साथ–साथ रुक–ने–आलम के मकबरे (1320–1324) की तरफ़ जा रहे थे। वे मकबरे के बारे में बता रहे थे। मैं देख रहा था कि विज्ञापनों के बड़े–बड़े बोर्ड इस तरह लगाये गये थे कि मकबरे का 'व्यू' नहीं आ पाता था। मैंने काज़मी साहब से कहा कि विज्ञापन के ये बड़े बोर्ड यहाँ क्यों लगने दिये गये?

उन्होंने कहा, "क्यों, क्या भारत में ऐसा नहीं होता?"

मैं उनका मुँह देखने लगा, मैंने कहा, "काज़मी साहब... भारत में ऐसा होना नामुमकिन है... हम सोच भी नहीं सकते कि लाल किले के सामने विज्ञापन के बड़े–बड़े बोर्ड लगे हों।" मैंने उन्हें यह बताया कि भारत में पुरातत्त्व और ऐतिहासिक विरासत के प्रति लोग और सरकार बहुत संवेदनशील हैं।

जब 'व्यू' से विज्ञापन बोर्ड हट गये तो मैं रुक–ने–आलम के मकबरे के चित्र लेने शुरू किये। मकबरे के ऊँचे चबूतरे पर जाने के लिए जो सीढ़ियाँ बनी थीं उनके पास एक अजीब तरह का, काफ़ी पुराना–सा लगने वाला, लेकिन बहुत ऊँचा नहीं, पेड़ लगा था जिसकी पत्तियाँ बिलकुल सीधे तार जैसी लम्बी और पतली थीं। मैं पेड़ देखने लगा। काज़मी साहब ने बताया कि इस तरह के यहाँ चार पेड़ हैं... कोई सूफी इन्हें मध्य–एशिया से लाया था।

हम सीढ़ियाँ चढ़ कर विशाल चबूतरे पर पहुँचे। अब यहाँ से, मकबरे के पास

आकार उसकी वह सुन्दरता जो नीचे से नहीं नज़र आती थी, दिखाई पड़ने लगी। अष्टकोणीय इमारत ऊपर जाते-जाते कुछ अन्दर की तरफ़ झुकती जाती है। एक तरफ़ तो आठ कोणों का अपना समीकरण आकर्षित करता है तो दूसरे तरफ़ ऊपर जाते हुए आकार को छोटा होते जाना उस समीकरण में एक नया आयाम जोड़ देता है। मकबरे का डायमीटर 51 फीट 9 इंच है। दीवारों पर मध्य एशिया और ईरान के टाइल्स की अद्वितीय कलात्मक प्रस्तुति है।

'टायल्स' का काम मैंने इस्फहान और शीराज़ में भी देखा है। मेरे ख़्याल से समरकन्द, बुखारा और तुर्की के कुछ क्षेत्रों के साथ-साथ ईरान के कलाकारों ने भी इस कला में दक्षता प्राप्त कर ली थी। रुक-ने-आलम के मकबरे में टायल्स का काम सर्वोत्तम श्रेणी का है। यह इस्फहान और समरकन्द से किसी मायने में कम नहीं है। हो सकता है वहीं के कारीगरों ने यह किया हो। आकारों, रंगों का संयोजन और इतने बड़े 'स्पेस' में उसका सन्तुलन बनाये रख पाना बहुत कठिन होता है, जो इस मकबरे में बहुत कलात्मकता से किया गया है।

आठ दीवारों के ऊपर 58 फीट डायमीटर का गुम्बद है। यह गुम्बद भी टायल्स से सजा है। इमारत के 'बेस' और 'गुम्बद' के बीच एक बहुत नाजुक रिश्ता है। दोनों एक-दूसरे पर हावी नहीं होते, बल्कि एक-दूसरे के पूरक बन जाते हैं। जबकि बीजापुर के गुम्बद में यह सुन्दरता शायद नहीं है।

मकबरे के और करीब आने पर पता चलता है कि अन्दर जाने का दरवाज़ा छोटा है। शीशम की लकड़ी के दरवाज़ों पर बहुत ख़ूबसूरत जालियाँ बनी हैं। शताब्दियों की गर्मी-सर्दी सह सहकर लकड़ी का रंग काला हो गया है और पहली नज़र में दरवाज़ा काले पत्थर का मालूम होता है। मकबरे के अन्दर आकर पता चलता है लाल ईंटों से बनी इमारत में लकड़ी के मोटे मोटे शहतीरों का भी काफ़ी इस्तेमाल किया गया हैं। ये भी, बताया गया कि यह शीशम की लकड़ी है जो शताब्दियों से टनों बोझ उठाये हुए है।

सौ फीट ऊँचे मकबरे के अन्दर से सीढ़ियाँ घूमती हुई ऊपर तक गयी है। अन्दर से मकबरा देखने के बाद हम फिर बाहर आ गये। यहाँ एक जगह दीवार पर काला धब्बा ऐसा लगा था। काज़मी साहब ने बताया कि जिन लड़कों के दाढ़ी-मूँछ निकलने में वक़्त लगता है, वे यहाँ आकर अपना चेहरा रगड़ते हैं और दाढ़ी-मूँछ के बाल जल्दी निकल आते हैं।

मुल्तान में प्राचीन मकबरों, मस्जिदों की कमी नहीं है। दक्षिण एशिया की

प्राचीनतम मस्जिदों में से एक मुलतान की जामा मस्जिद (712 ई.) यहीं है। इसके अलावा स्वाई मस्जिद, मुहम्मद खाँ वली की मस्जिद, अली मुहम्मद खाँ ख़ाकवानी की मस्जिदें देखने वाली हैं।

मुल्तान की भाषा सरायकी है। सरायकी पंजाबी के क़रीब है। मैं सरायकी लेखकों, पत्रकारों से भी मिलना चाहता था। काज़मी साहब मुझे लेकर सरायकी अखबार 'झोंक' के दफ़्तर गये। सरायकी में 'झोंक' का मतलब बस्ती है। 'झोंक' सरायकी का एक प्रमुख और लगातार निकलने वाला अख़बार है। यह भी थोड़ा सोचने की बात है कि पंजाबी बोलने वालों की संख्या सरायकी बोलने वालों से ज़्यादा है लेकिन पंजाबी पत्रकारिता सरायकी से पीछे ही पानी जाती है। अख़बार के दफ़्तर में सरायकी भाषा के बारे में, साहित्य के बारे में बातचीत होती रही।

अख़बार के दफ़्तर के पास ही सरायकी प्रकाशन का शोरूम है। यह प्रकाशन लगातार सरायकी में पुस्तकें छापता है। नमूने के लिए मुझे कुछ किताबों दी गयीं। यह देख कर अच्छा लगा कि अब भी किसी भाषा के साथ सेवा का भाव जुड़ा हुआ है।

रात होटल पहुँचा तो मेरा टिकट आ गया था। कल शाम मुझे मुल्तान से कराची जाना था। लोगों के मना करने के बावजूद मैंने ट्रेन का टिकट मँगाया था। बहाउद्‌दीन ज़करिया एक्सप्रेस मुल्तान से चार बजे चलती है और अगले दिन नौ बजे कराची पहुँचती है। मैंने ट्रेन के सबसे ऊँचे क्लास का टिकट मँगाया था। टिकट पर मेरा नाम और पहचान नम्बर नहीं बल्कि उस आदमी का नाम लिखा था जिसने टिकट ख़रीदा था। टिकट के पीछे ये साफ-साफ लिखा था कि टिकट जिसके नाम से हो वही यात्रा कर सकता है। ऐसा न पाया गया तो ट्रेन से उतारा या फाइन किया जा सकता है। मेरे साथ तो मामला दूसरा था। मैं विदेशी, वह भी भारत का नागरिक। मुझे पकड़ा जाता तो यह कहा जा सकता था कि मैं अपनी पहचान छुपा कर सफर करना चाहता था, जो भारतीय होने के नाते गम्भीर जुर्म बन जाता। मैंने एक दो लोगों से पूछा था कि इस बारे में क्या किया जा सकता है तो सबने कहा था यह औपचारिकता है। लेकिन काज़मी साहब ने कहा था यह 'सीरियस' बात है और अगर किसी तरह से पता चल गया कि एक भारतीय नागरिक जाली नाम और पहचान नम्बर से यात्रा कर रहा है तो अच्छा न होगा। पर उन्होंने बाद में कहा था, आमतौर पर ऐसा नहीं होता। अब

न तो दूसरा टिकट लेने का मौका था, न नाम बदलवाया जा सकता था। जुर्म करना मजबूरी बन गया था।

अँग्रेजों को हम चाहे जितना बुरा-भला कहें, चाहे हम यह न मानें कि भारतीय समाज को बनाने में उनका कोई योगदान है, चाहे हम यह कहते रहें कि अरे अँग्रेज हमें क्या सिखाएगा हमारी सभ्यता तो इतनी पुरानी है कि तब योरोप में लोग पेड़ पर रहते थे। चाहे हम ये भी क्लेम करते रहें कि दर्शन और धर्म में तो हमने दुनिया को रास्ता दिखाया है वग़ैरह-वग़ैरह... लेकिन मुल्तान का रेलवे स्टेशन देख कर यह लगा कि अँग्रेजों के मन में स्थानीय आर्ट, कल्चर और दस्तकारी के लिए सम्मान था। मुल्तान के सुन्दर रेलवे स्टेशन की सजावट के लिए 'टायल्स' का इस्तेमाल किया गया है।

काज़मी साहब बहुत मेहरबानी करके, मुझे विदा करने स्टेशन आये थे। चार-पाँच दिन का साथ छूटने वाला था। इस बीच काज़मी साहब से आत्मीय सम्बन्ध हो गये थे और फिर वे हमवतन थे। रेलवे स्टेशन पर काज़मी साहब का अनुमान सही निकला, ट्रेन लेट थी। मतलब कराची से आयी नहीं थी। जो ट्रेन आती थी वही जाती थी। हम वेटिंग रूम में बैठ गये। चाय पीने लगे। बातें करने लगे। घंटों पर घंटे बीतते चले गये। ट्रेन नहीं आयी। होते-होते सात बजे ट्रेन आयी। बताया गया धुलने गयी है। मैं ख़ुश हो गया कि साफ़ सुथरी ट्रेन में बैठने को मिलेगा। होते-होते आठ बजे ट्रेन प्लेटफार्म पर आयी। फर्स्ट क्लास के कूपे में मेरे लिए एक बर्थ रिजर्व थी। मैं काज़मी साहब के साथ डिब्बे में चढ़ा। डिब्बा कुछ पुराना-सा लगा लेकिन ध्यान नहीं दिया। आपने यहाँ भी काफ़ी पुराने डिब्बे चलते हैं। अन्दर डिब्बे की गैलरी में आये तो अँधेरा-सा लगा। एक बल्ब गैलरी के इस कोने और दूसरा दूसरे कोने में जल रहा था। काज़मी साहब कूपे देखते आगे बढ़ते रहे। डिब्बे के अन्त में, दरवाज़े के पास वाले कूपे में मेरी सीट थी। कूपे के सामने एक टॉयलेट था जिसका दरवाज़ा खुला था। मेरी नज़र अन्दर गयी तो देखा सीट की जगह एक इतना बड़ा 'होल' है जिससे छोटा-मोटा अदमी नीचे पहुँच सकता है।

कूपे के अन्दर आ गये। पाँच बर्थें थीं। पाँचों खाली थीं। कूपे में अच्छा खासा अँधेरा था क्योंकि ऊपर लगी लाइटों में सिर्फ़ एक जल रही थी बाक़ी चार लाइटों के कवर लटक रहे थे और उसमें से एक-एक, दो-दो तार बाहर लटके थे, जिनमें से कुछ टूटे हुए होल्डर झूल रहे थे, कुछ में सिर्फ़ तार थे। स्विच बोर्ड की जगह तारों

का एक छोटा-सा जंगल बाहर निकला था। लगता था जानकार उन्हीं को जोड़-जोड़कर बिजली जलाते या पंखा चलाते होंगे। मतलब यह था कि जितनी लाइटें जल रही थीं या पंखें चल रहे थे उससे ज़्यादा मैं कुछ नहीं कर सकता था। खिड़कियाँ बड़ी मुस्तक़िल मिजाजी का सुबूत दे रही थी। यानी जो खुली थीं बन्द नहीं हो रही थीं और जो बन्द थी वो खुल नहीं रही थीं। फ़र्श, धुलाई होने की वजह से गीला था। जगह-जगह से उखड़ा हुआ था लेकिन शुक्र ये कि पटरियाँ नहीं दिखाई पड़ रही थीं। बर्थें चौड़ी थीं लेकिन उनके कटे-फटे रक्सीन के कवर को हाथ से सिया गया था। कूपे में मच्छरों के होने से भी इंकार नहीं किया जा सकता था। कूपे के अन्दर एक टॉयलेट था जिसका दरवाज़ा भी खुला हुआ था। लेकिन सीट का वह हाल नहीं था जो गैलरी वाले टॉयलेट का था। हाँ इस टॉयलेट में लाइट नहीं थी। जिसका मतलब था कि टॉयलेट का इस्तेमाल दरवाज़ा बन्द करके नहीं किया जा सकता था।

ये सब देखकर मैंने काज़मी साहब से कहा, ''मैं इस ट्रेन से नहीं जाऊँगा।''

''क्यों?'' वे बड़े हैरान हुए।

''मैं कल...।''

''कल का तो टिकट ही न मिलेगा। अरे चार घंटे की बात है। अभी ट्रेन चलेगी तो बल्ब ज़्यादा तेज़ जलने लगेगा।'' काज़मी साहब चाहते थे कि, बस मैं चला ही जाऊँ। मैंने भी सोचा कि न जाकर एक नयी मुसबीत आ जाएगी। होटल का कमरा, टिकट और फिर 'मोहफ़िजों' का मसला... क्या करता मैंने कहा, ''ठीक है,लेकिन ये बताइए यहाँ बिस्तर वग़ैरह तो देते हैं न?''

''बिस्तर?'' वे हैरानी से बोले।

''हाँ हमारे यहाँ तो...।''

''यहाँ आपको एक रूमाल न मिलेगा।'' वे रुखाई से बोले।

''रात में सर्दी लगेगी।''

''अभी दो घंटे में तो सिन्ध शुरू हो जाएगा। फिर सर्दी कहाँ?'' वे बोले।

ट्रेन चलने वाली हुई तो काज़मी साहब हाथ-वाथ मिलाकर उतर गये। मैं कूपे में अकेला रह गया। कूपे के दरवाज़े के सामने वाली बर्थ पर बैठ गया। ट्रेन नयी पुरानी आवाज़ें निकालती हुई हिलने डुलने लगी। अब बाहर भी अँधेरा हो गया। अन्दर मलगिजी रोशनी और बाहर अँधेरा। बाथरूम गया तो यह पता नहीं चलता था कि सीट कहाँ है और वाश बेसिन कहाँ है, इसलिए बाथरूम का दरवाज़ा खोलकर वह

किया जो आमतौर पर दरवाज़ा बन्द करके किया जाता है। कूपे में अकेला था लेकिन अपनी इस मजबूरी और गुस्ताखी पर अफसोस नहीं हुआ। अब ट्रेन ने थोड़ी रफ़्तार पकड़ ली थी। मैं अटेनशन की मुद्रा में बैठा था। अचानक कूपे के दरवाज़े से एक ऐसी चीज़ अन्दर आयी कि एक बार तो मैं कुछ समझ ही न पाया। फिर पूरा खेल पता चला। ये एक लूला भिखारी था जिसने मेरे ऊपर पर्याप्त प्रभाव डालने के लिए सबसे पहला अपना लूला हाथ कूपे के अन्दर डाला था उसके बाद उसका चेहरा दिखाई दिया था जिस पर बेतरतीब दाढ़ी थी और सिर पर पगड़ी बँधी हुई थी। मैंने हाथ उठा कर उसे मना किया। इसके बाद दो-तीन और भिखारी आये और सबकी एंट्री का तरीका अपना अलग था। मैं चाहता तो कूपे का दरवाज़ा बन्द कर सकता था पर जानता था कि उससे कोई फ़र्क नहीं पड़ेगा और फिर दूसरे मुसाफिरों को भी तो आना था।

साढ़े नौ या पौने दस बजे तक ट्रेन अपनी पूरी स्पीड पर आ गयी थी। पुर्ज़ों की आवाज़ों के साथ किसी चिड़िया के चीं-चीं करने जैसी आवाज़ भी आने लगी थी। सोचा टॉयलेट की छत, जो टूटी हुई थी वहाँ किसी चिड़िया ने घोसला न बना लिया हो। लेकिन मेर ख़्याल गुलत था। ये कल-पुर्ज़ों के टकराने की ही आवाज़ थी।

ख्याल आया अकेला हूँ। रात का दस बजा है। अगर दो आदमी एक छोटा-सा चाकू ही लेकर कूचे में आ जाएँ तो मुझे अपना पर्स और मोबाइल देना पड़ेगा। तब न तो मैं किसी को 'कानटेक्ट' कर पाऊँगा और न कहीं जा सकूँगा। इस इमरजेंसी से निपटने के लिए मैंने कुछ ज़रूरी फोन नम्बर एक अलग काग़ज़ पर नोट किये कुछ पैसे इधर-उधर सामान में डाल पर्स को हल्का किया। पासपोर्ट सामान में रखा और लुटने के लिए तैयार होकर बैठ गया।

ट्रेन की रफ़्तार से अन्दाज़ा होता था कि ड्राइवर बेफ़िक्रा है और सिन्ध आते-आते वक़्त लगेगा। खुली खिड़कियों से ठंडी हवा अन्दर आ रही थी। फरवरी के शुरू के दिन थे। लगता था कि सर्दी बढ़ेगी। मेरे पास न पहनने के गर्म कपड़े थे और न ओढ़ने के लिए कुछ था। एक ही रास्ता था। मैंने एक कमीज़ पर दो कमीज़ें और पहन लीं। एक पैंट पर दूसरी पैंट पहन ली। दो जोड़े मोज़े और पहन लिये।

अभी तक कोई टिकट चेक करने नहीं आया था। मैं सोच रहा था अगर मैं पकड़ा गया तो बड़ी परेशानी हो जाएगी। न जाने कौन-से स्टेशन पर उतारा जाये। पहले

स्टेशन के हवालात में ले जाया जाएगा और सुबह मजिस्ट्रेट के सामने पेश किया जाएगा। हवालात में ले जाने से पहले मोबाइल, पैसे, पासपोर्ट वग़ैरह ले लेंगे। हवालात की हालत तो बहुत ही ख़राब होगी। उससे अच्छा तो ये डिब्बा है। इन्हीं सब ख़्यालात में डूबा था कि नीला कोट पैंट पहने टिकट चेकर आ गया। मैंने बड़े दिखावटी आत्मविश्वास से टिकट बढ़ा दिया। वह कुछ नहीं बोला। अपने चार्ट पर निशान लगाया और टिकट पर कुछ मार्डन आर्ट बना दी। वह शायद जल्दी में था, फौरन चला गया। मैं एक बुरे सपने से आज़ाद हो गया।

टेंशन ख़त्म हुआ तो सर्दी ज़्यादा लगने लगी। ट्रेन क़रीब साढ़े बारह बजे बहावलपुर स्टेशन पहुँची। दिल्ली के बहावलपुर हाउस में नेशनल स्कूल ऑफ ड्रामा है। यह नाम कितना जाना पहचाना है लेकिन ज़िन्दगी में पहली बार स्टेशन देख रहा हूँ। और अगर चाहूँ भी तो यहाँ उतर नहीं सकता; घूम नहीं सकता क्योंकि वीज़ा में तीन शहर दिये गये हैं, चौथा नहीं। बहावलपुर से कूपे में एक साहब आ गये। जान में जान आयी। उन्होंने सामान वग़ैरह रख कर पूछा कि वे सिगरेट पी सकते हैं? हालाँकि सिगरेट के धुएँ से मुझे बड़ी परेशानी होती है। लेकिन उस सूरते हाल में मैंने उन्हें बड़ी ख़ुशी-ख़ुशी इजाज़त दे दी।

सिगरेट पीकर वे ऊपर की सीट पर चले गये। कम्बल ओढ़कर सो गये। मैं भी लेट गया। पर न चादर, न कम्बल, न रूमाल। कुछ देर तक तो ठीक रहा, फिर सर्दी लगने लगी। महसूस हुआ बैठने से कम सर्दी लगती है तो बैठ गया। सोचा बैठे-बैठे पूरी रात काट दूँगा। अब रह ही कितने घंटे गये हैं। सोचा कराची में स्टेशन पर अलीगढ़ के पुराने दोस्त डॉ. जमाल नकवी मिलेंगे। उसके बाद अलीगढ़ के ही दूसरे पुराने दोस्त एमादउद्दीन सईद मिलेंगे। एमाद से तो मैं 1968 के बाद पहली बार मिलूँगा। पता नहीं उसे पहचान भी पाऊँगा या नहीं। ये भी याद आया कि मेरे कराची जाने के कितने लोग ख़िलाफ़ थे। मेरी बीवी, मेरा बेटा, मेरे दोस्त... लन्दन से ज़किया जुबैरी, सबने मना किया था। ये कहा था, लाहौर और मुलतान तक तो ठीक है लेकिन कराची। मुझे लगता था खतरा तो हो सकता है लेकिन इतना भी नहीं कि न देखूँ।

सर्दी फिर लगने लगी थी। अब मैं अपने टाँगों पर मालिश करने लगा। घड़ी देखी तीन बज रहे थे। सोचा पाला मार लिया है। अब सिर्फ़ दो घंटे बजे हैं। ट्रेन चाहे जितनी सुस्त रफ़्तार हो टाइम तो अपनी रफ़्तार से चलेगा। मैं अब न पंजाब की सोच रहा था न सिंघ का ख़्याल था। बस ख़्याल था तो ये कि टाइम गुज़रना चाहिए ताकि

सुबह हो जाए और सर्दी से पीछा छूटे।

अगले स्टेशन पर दो आदमी और एक खातून कूपे में आये। उन्होंने मुझे रात तीन बजे सीट पर बैठे हैरत से देखा लेकिन जल्दी ही अपनी अपनी सीटों पर लेट गये। मैं बैठा अपने शरीर की मालिश करता रहा। सोचा उठकर टहलने या हाथ-पैर हिलाने की ज़रूरत न पड़ जाए। कूपे में मेरे अलावा चारों लोग सोते रहे। मैं सर्दी में काँपता रहा। ट्रेन एक स्टेशन पर रुकी... नाम शायद सुक्कुर था। बाहर से चाय, गर्म चाय की आवाज़ें आने लगीं। मैं खुले पैसे मतलब बीस का नोट क्योंकि पाकिस्तान में चाय महँगी है, निकालकर खिड़की पर पहुँचा लेकिन इस कूपे तक कोई चायवाला नहीं आ रहा था। डिब्बे से उतर कर चाय लेने की हिम्मत जुटा पाना कठिन लगा। कई झमेले थे। बहरहाल मैं नोट हिलाता रह गया और ट्रेन चल दी।

अगले स्टेशन नवाशाह पर चाय मिली। चाय वाला खिड़की पर आया तो मैंने कहा, "चार चाय।"

उसने चार चाय निकाल कर खिड़की पर रख दी। मैंने उसे सौ का नोट पकड़ाया और चेंज की परवाह किये बिना एक कप मुँह से लगा लिया। सकरीन में बनायी गयी चाय थी। हलक में अजीब सी तकलीफ हुई। मीठा तेज़ और तीखा लगा। लेकिन चाय गर्म थी। मैं चारों कप पी गया।

सकरीन की चार चाय पीने के बाद जिस्म में गर्मी आयी लेकिन मुँह का मजा बहुत ख़राब हो गया। अब बाहर रोशनी होने लगी थी। मैं ख़ुश था कि रात कट गयी। थोड़ी रोशनी और बढ़ी तो नज़र आने लगा कि यह पंजाब नहीं है सिन्ध है। मैंने खिड़की के बाहर खजूर के पेड़, उनके पास तालाब, बायीं तरफ़ एक मकान जिसकी खिड़की में बल्ब की रोशनी थी, सूरज बिलकुल लाल खिलौने जैसा दिखा। चलो रात भर जागने और सर्दी खाने का यह इनाम है। मैंने कैमरा निकाला और अच्छी तरह फ्रेम बना कर क्लिक कर दिया। इस बीच दो लोगों के साथ आई महिला उठ गयी थी। उसने मुझे फोटो लेते देख लिया था। फिर मैं रुका नहीं। फोटो लेता चला गया। पता नहीं मौज में या ग़ुस्से में।

पूरी सुबह हो गयी। गाड़ी हैदराबाद पहुँच गयी। मैंने स्टेशन के फोटो ले लिये। महिला मुझे सुबह से फोटो लेते देख रही थी, उसने मुझसे पूछा, आपको फोटोग्राफी का शौक है।"

"जी हाँ... जो कुछ देख रहा हूँ... ज़िन्दगी में पहली बार देख रहा हूँ और

ाायद दूसरी बार देखने को न मिले।''

वह इस पहेली पर हैरत से मुझे देखने लगी।

''मैं इंडिया से आया हूँ।'' मैंने कहा।

अब उसके साथ वाले दो मर्द और बहावलपुर से आये सज्जन मुझमें दिलचस्पी ने ने लगे। कराची जाने वाले और उर्दू बोलने वाले ये लोग 'मोहाजिर' ही थे।

उजाले में मैंने अपने कूपे की सीटों पर अँग्रेजी में लिखे ई.आर. देखा तो हैरान ह गया। मुझे यह तो मालूम था कि इंडियन रेलवे कई क्षेत्रीय हिस्सों में बँटी है, जैसे वेस्टर्न रेलवे, ईस्टर्न रेलवे आदि हैं लेकिन पाकिस्तान में भी यही होगा और फर पाकिस्तान का ईस्टर्न हिस्सा कौन-सा है? मैंने दूसरे लोगों से पूछा तो उन्होंने कहा कि पाकिस्तान रेलवे का ऐसा कोई विभाजन नहीं किया गया है।

''फिर ये ई.आर. क्यों लिखा है?'' मैंने कहा।

''लगता है यह कोच... उनमें है जो पार्टीशन के टाइम पाकिस्तान को दिये गये थे।'' एक बोला।

''बहुत पुराना है... इनको को 'डिस्कार्ड' कर देना चाहिए।'' मैंने कहा।

''मैं तो कहता हूँ पूरी पाकिस्तान रेलवे को ही डिकार्ड कर देना चाहिए।'' तीसरा बोला।

''अजी सब बेचकर खा गये।''

''कौन?'' मैंने पूछा।

''यही सब छोटे-बड़े अफसर।'' दूसरा बोला।

''छोटे कहाँ? छोटे कितना खाएँगे... दो-चार सौ। हज़ार, दस हज़ार। दीवाला तो निकाला है... बड़े अफसरों ने, करोड़ों उड़ाया है।'' आदमी ने कहा।

अब मैं ख़ामोश हो गया था। उन तीनों में ही बात हो रही थी। उनके साथ आयी खातून ने फ्लास से चाय निकाली। मुझे भी एक कप दिया। कुछ नमकीन भी निकाला। उसमें भी मेरा हिस्सा लगा था।

''आपको मालूम है... रेलवे के पास डीजल का पेमेंट करने के लिए पैसा नहीं रेलवे का चेक बाउंस हो गया था।'' पहले ने कहा।

''अजी रेलवे की प्रॉपर्टी बेच दी, ज़मीनें बेच दी... ट्रैक बेच दिये।''

''हद यह है कि चलती ट्रेन से ब्रेक निकाल लिये जाते हैं।''

''आपकी तरफ़ तो सुना रेलवे का बड़ा अच्छा हाल है।''

''हाँ... मेरे ख़्याल से... यहाँ से बेहतर है।'' मैंने धीरे से कहा।

"जनाब इस मुल्क का तो बस अल्लाह ही हाफ़िज है।"

दूसरे आदमी ने कहा। मैं चौंक गया क्योंकि पिछले बीस दिन में यह जुमला मैंने कई लोगों से सुना था।

नीयतें सबकी ख़राब हैं... क्या हो सकता है।" पहले आदमी ने कहा।

"अब देखिए बिजली का हाल... मुल्क के पावर हाउस बन्द पड़े हैं। उनको खोलने के बजाय हमारी सरकार ने किसी बाहर की कम्पनी के साथ समझौता किया है कि कम्पनी अपने पानी के जहाजों पर जनरेटर लाएगी और बिजली सप्लाई करेगी।" पहले आदमी ने कहा।

"... भारत में करप्शन है... हम सब जानते हैं... लेकिन आप का करप्शन ऐसा है कि कुछ काम भी होता है। यहाँ का करप्शन ऐसा है कि कोई काम ही नहीं होता।" दूसरा बोला। मैं बिलकुल खामोश बैठा था। जानबूझ कर कोई कमेंट नहीं करना चाहता था क्योंकि मुझे पूरी स्थिति का अन्दाजा नहीं था। दूसरे मैं यह नहीं चाहता था कि पाकिस्तान बनाम इंडिया बात होने लगे।

"सरकारी मुलाज़िमों को... मतलब रेलवे के... वक़्त पर तनख्वाह नहीं मिलती। क्या करें? कहाँ जाएँ?"

पाकिस्तान की व्यवस्था के प्रति जितना ग़ुस्सा मैंने इन लोगों में देखा वैसा लाहौर के उच्च वर्ग में नहीं था। वैसा ग़ुस्सा मैंने मुल्तान में भी नहीं देखा था। हो सकता है ये लोग ज़्यादा 'बोल्ड' हों या कोई और वजह हो।

दस बजने वाला था कराची का अता-पता न था। सब कह रहे थे गाड़ी छह घंटे लेट है और बारह-एक बजे तक कराची पहुँचेगी। मैं ख़ुश था कि सर्दी नहीं लग रही थी और इतना यकीन था कि अगली रात ट्रेन में नहीं गुज़ारनी पड़ेगी।

"आपको पाकिस्तान में कैसा लगा।" खातून ने पूछा।

"मुझे अच्छा लगा। देखिए मैं टूरिस्ट हूँ। यहाँ के लोग बहुत अच्छे लगे.. मदद करने वाले हँसमुख लोग हैं। मैंने कहा।"

"क्यों क्या दिल्ली के ऐसे लोग नहीं है?" खातून ने हँस कर पूछा।

"है...ज़रूर हैं... लेकिन यहाँ ज़्यादा है।" मैं सँभलकर बोला।

"अरे इन्हें तो अच्छा ही लगेगा... इनका एक रुपया हमारे दो रुपये के बराबर है।" पहला आदमी बोला।

"हाँ... अब यही देखिए... सन् 47 में दोनों मुल्कों के रुपये की एक वैल्यू थी।"

कराची कंटूनमेंट पर ट्रेन रुकी तो ये सब उतर गये। मुझे कराची स्टेशन पर उतरना था। मैं डिब्बे में फिर अकेला रह गया। ट्रेन रुक रुककर चलने लगी। इधर-उधर आबादी, घनी आबादी थी। दीवारों पर उर्दू में 'जिए अल्ताफ़' लिखा था। ये समझने में देर नहीं लगी कि अल्ताफ से मतलब एम.क्यू.एम. के सुप्रीमो अल्ताफ़ हुसैन से है जो लन्दन से मोहाजिरों की राजनीति चलाते हैं और टेलीफोन पर भाषण देते हैं। कहते हैं कराची में अल्ताफ़ हुसैन की तूती बोलती है। उनकी एक आवाज़ पर पाकिस्तान का सबसे बड़ा, धनवान और औद्योगिक नगर बन्द हो जाता है, समुद्री मार्ग से पाकिस्तान का सम्बन्ध टूट जाता है क्योंकि पाकिस्तान में एक ही बड़ा व्यापारिक पोर्ट है— कराची। पाकिस्तान के अन्तरविरोध भी सबसे ज़्यादा कराची में दिखाई पड़ते हैं।

पाकिस्तान का सपना मुख्यतः उत्तर प्रदेश और दिल्ली के सम्भ्रान्त मुसलमानों का सपना था जो अपने लिए एक 'सेफ हैवन' (सुरक्षित स्वर्ग) बनाना चाहते थे, जहाँ उर्दू भाषा की केन्द्रीय स्थिति हो, कुलीन मुस्लिम कल्चर के साथ आधुनिक सुविधाएँ हों और अपने से अधिक सक्षम हिन्दू कुलीन वर्ग से कोई प्रतियोगिता न हो। यह सपना 1947 में साकार हो गया। इस सपने में उर्दू भाषी सम्भ्रान्त वर्ग के अलावा पंजाबी, बिलोच, सिन्धी, पठान आदि बिलकुल नहीं या कम शामिल हैं। पाकिस्तान का मतलब मोहाजिरों का देश था। पाकिस्तान की राजनीति के सभी योद्धा— मुहम्मद अली जिन्ना, लियाक़त अली खाँ, हुसैन शहीद सुहरावर्दी और फज़लुल हक़ सभी मोहाजिर थे। लेकिन तीन प्रतिशत मोहाजिरों का प्रभुत्व 97 प्रतिशत पंजाबी, सिन्धी, पठान कैसे बर्दाश्त कर सकते थे? देश के 21 प्रतिशत ऊँचे सरकारी पद मोहाजिरों के पास थे। उद्योग और व्यापार में भी मोहाजिर ही आगे थे। राजधानी कराची में थी जिसे मोहजिर कंट्रोल करते थे।

मोहाजिर सत्ता के समीकरण पाकिस्तान की अन्य 'राष्ट्रीयताओं' की वजह से बिगड़ते चले गये। राष्ट्रपति सिकन्दर मिर्ज़ा को जब यह लगा था कि वे अगले चुनाव में राष्ट्रपति नहीं हो सकेंगे तो उन्होंने सेनाध्यक्ष जनरल मोहम्मद अय्यूब खाँ को विश्वास में लेकर 7 अक्टूबर, 1958 को मार्शल लॉ घोषित कर दिया था। पाकिस्तान लम्बे समय के लिए सेना की गोद में डाल दिया गया। सिकन्दर मिर्ज़ा की यह कोशिश भी उन्हें सत्ता में न रख सकी। बीस दिन बाद ही जनरल अय्यूब

खाँ उन्हें हटा कर स्वयं राष्ट्रपति बन गये। इस तरह 1947 से शुरू हुई उर्दू भाषी मोहजिरों की सत्ता ग्यारह साल बाद समाप्त हो गयी। इस बिन्दु से कराची का इतिहास नया मोड़ लेता है।

अय्यूब खाँ ने राजनीति से मोहाजिर प्रभाव ख़त्म करने के लिए 1959 में राजधानी कराची से इस्लामाबाद शिफ्ट कर दी और कराची को सिन्ध प्रदेश से अलग करके यूनियन क्षेत्र बना दिया। इस तरह मोहाजिरों को लगने लगा कि वे अपने बनाये स्वर्ग में असुरक्षित हो गये हैं। 1972 के उर्दू-सिन्धी भाषा सम्बन्धी दंगों ने मोहाजिरों को नयी चेतावनी दी थी। उन्हें यह लग गया था कि उर्दू की वह स्थिति नहीं बन पाएगी जो वे चाहते थे। जुल्फिकार अली भुट्टो सिन्धी थे राष्ट्रीय राजनीतिज्ञ की छवि बनाने के साथ-साथ उनके लिए सिन्ध में अपना आधार मजबूत करना बहुत ज़रूरी था। सातवें दशक में भुट्टो ने सरकारी नौकरियों से मोहाजिरों का प्रभुत्व ख़त्म करने के लिए सरकारी नौकरियों तथा स्कूल, विश्वविद्यालय में प्रवेश के लिए सिन्धियों को आरक्षण दे दिया। यह आरक्षण शहर में चालीस प्रतिशत और ग्रामीण क्षेत्रों में साठ प्रतिशत था। सरकारी नौकरियों में मोहजिरों का प्रतिशत गिरने लगा। ऐसे हालात में मोहाजिर संगठित हुए और 1984 में मोहाजिर कौमी मूवमेंट (एम.क्यू.एम.) की स्थापना हुई जिसके लीडर हुए अल्ताफ़ हुसैन।

1972 में सिन्ध विधानसभा में सिन्धी को प्रदेश की सरकारी भाषा बनाए जाने के विरोध में जो दंगे शुरू हुए थे वे 1977 में भुट्टो विरोधी और भुट्टो समर्थक रुख़ इख्तियार कर गये।

यही वह वक़्त था जब मोहाजिरों को दूसरी हिज़रत करनी पड़ी और पढ़े-लिखे प्रोफेशनल मोहजिर अपने टूटे सपने को अधूरा छोड़ कर अमरीका और योरोप निकल गये। उन्हें लग गया था कि पाकिस्तान में उनका भविष्य सुरक्षित नहीं है। जनरल ज़िया के समय में पंजाबी और पठान समुदाय भी कराची में अपना असर जमा चुके थे। ट्रांसपोर्ट व्यापार पर पठानों का एकाधिकार हो गया था और व्यापार में पंजाबी आगे आ गये थे।

1986 में एम.क्यु.एम. ने एक बड़ी रैली की और पंजाबी शासकों को मोहाजिरों का शत्रु बताया। उन्होंने सिन्धी-मोहाजिर दोस्ती की बात की और बताया कि पंजाबी दोनों के शत्रु हैं। लेकिन मोहाजिर-सिन्धी-दोस्ती उस समय ख़त्म हो गयी जब हैदराबाद सिन्ध में किसी राजनैतिक मुद्दे पर दोनों सम्प्रदायों

के बीच भयंकर दंगे शुरू हो गये।

1990 के चुनाव में एम.क्यू.एम. ने पंजाबी प्रभुत्व वाली मुस्लिम लीग के साथ सरकार बनाई। पहली बार एम.क्यू.एम. ने राष्ट्रीय राजनैतिक फलक पर अपनी अलग पहचान बनायी थी। यह पाकिस्तानी सेना के नेतृत्व के सामने एक नया और आगे चलकर संकट में डालने वाला समीकरण था। इसलिए एम.क्यू.एम. और मोहाजिरों पर झूठा आरोप लगाया गया कि वे अपने लिए कोई स्वतन्त्र देश बनाना चाहते हैं जिसमें भारत उनकी मदद कर रहा है। इस आरोप को एम.क्यू.एम. ने नकारा, लेकिन नवम्बर 1994 और सितम्बर 1995 के बीच सेना ने हज़ारों मोहाजिरों को मौत के घाट उतार दिया। एम.क्यु.एम. का विभाजन करा दिया गया। उसके दो सक्रिय नेताओं आफाक़ अहमद और अमीर खाँ ने एम.क्यू.एम. (हक़ीक़ी) मतलब वास्तविक एम.क्यू.एम. बना डाली।

एम.क्यू.एम. के बारे में विभिन्न धारणाएँ हैं। जो उसके हमदर्द हैं उनका कहना है कि एम.क्यू.एम. अनुशासित पार्टी है, जो हमदर्द नहीं हैं उनका कहना है सेमी फासिस्ट पार्टी है, जो उसके दुश्मन हैं उनका कहना है फासिस्ट पार्टी है। एम.क्यू.एम. सशक्त आन्दोलन के लिए यह आवश्यक मानती है कि पार्टी नेता पर अन्धविश्वास हो, व्यक्तिवाद को समाप्त किया जाए, उद्देश्य के प्रति समर्पण हो, संगठन की विचार धारा पर सहमति हो।

अपने गठन के प्रारम्भिक वर्षों में एम.क्यू.एम. को अपार समर्थन हासिल हुआ था। लेकिन भाषाई दंगों के दौरान, समर्थकों का कहना है कि विवश होकर, पार्टी को हथियारबन्द होना पड़ा और हथियार ख़रीदने के लिए कराची के धनवान लोगों से 'सहयोग' लेना पड़ा। पार्टी का चरित्र बदल गया उसमें आक्रामकता आती चली गयी। 1992 में हत्याओं के आरोप में गिरफ़्तारी से बचने के लिए एम.क्यू.एम. के नेता लन्दन चले गये और अब वहीं से पार्टी चला रहे हैं। पार्टी पर हिंसक तरीके अपनाए जाने, पत्रकारों और मीडियाकर्मियों को धमकियाँ देने, जबरन पैसा वसूल करने, स्मगालिंग और नशीले पदार्थें का कारोबार करने के आरोप भी लगाए जाते हैं।

अफगानिस्तान समस्या और बिलोचिस्तान से नौकरी तथा कारोबार की कम सम्भावनाओं के कारण 1979 से पठान बड़ी संख्या में कराची आने लगे थे। उस समय कराची में केवल एम.क्यू.एम. का प्रभुत्व था। कराची आकर पठानों ने ट्रांसपोर्ट बिजनेस, 'रियल स्टेट' और ब्याज का काम शुरू किया। कराची जैसे

महानगर में ये तीनों धन्धे शुद्ध मुनाफ़े के धन्धे थे और शक्तिशाली गुटों के बीच टकराव होना अनिवार्य था। टकराव को अनिवार्य बनाने के पीछे सबसे बड़ा 'फैक्टर' यह था कि स्थानीय प्रशासन और प्रान्तीय सरकार 'इनइफैक्टिव' हो गये थे। मोहाजिरों और पठानों का संघर्ष राजनैतिक संरक्षण में अबाध ढंग से शुरू हुआ। 1985 में इन दोनों समुदायों के बीच जो दंगे शुरू हुए हैं वे कराची का परमानेंट फीचर बन गये हैं।

मैं आशा कर रहा था कि कराची रेलवे स्टेशन मुम्बई के वी.टी जैसा न भी हुआ तो कम-से-कम मुम्बई सेंट्रल जैसा तो होगा, लेकिन ट्रेन जब स्टेशन पर रुकी तो बड़ी निराशा हुई। पुराने मित्र डॉ. जमाल नकवी जो उर्दू के समर्थ कवि, लेखक और कराची प्रगतिशील लेखक संघ के सक्रिय पदाधिकारी हैं, स्टेशन पर मौजूद थे। बेचारे पता नहीं कितनी देर से प्रतीक्षा कर रहे थे।

हम लोग बाहर निकले। दोपहर हो चुकी थी। बाहर शान्ति थी। जीवन सामान्य था। मुम्बई वाली भीड़ नहीं थी और न वैसी अराजकता थी। सामने ही पार्किंग थी। हम गाड़ी में बैठ गये।

"यार यहाँ तो सब बहुत नार्मल लग रहा है। लोग विला वजह कराची आने से खौफ़ज़दा रहते हैं।" मैंने कहा।

मेरी बात पर बहुत सार्थक प्रतिक्रिया हुई। जमाल ने कहा, "हाँ बिल्कुल, लोग बढ़ा-चढ़ा कर हर चीज़ को पेश करते हैं... फिर ये बताओ... दुनिया का कौन-सा शहर 'वायलेन्स' से अछूता है? अरे जब न्यूयॉर्क ही नहीं बचा तो फिर किसी और शहर की क्या हैसियत।"

"हाँ, ठीक कह रहे हो।" मैंने कहा।

"देखो भाई... ये सब जानते हैं... यहाँ 'टारगेट किलिंग्स' होती है... आपको कोई क्यों मारेगा? मारने वालों को पता होता है किसे मारना है... मगर ये बात दूसरी है कि आप बीच में आ गये।" जमाल ने बताया।

"ये टारगेट किलिंग्स कौन करते हैं?" मैंने पूछा।

"कई तरह के गिरोह हैं... कोई बता नहीं सकता।" जमाल ने कहा।

कराची शहर साफ़-सुथरा और शानदार लगा। बड़ी चौड़ी सड़कें, हरे-भरे फुटपाथ... ऊँची इमारतें... लगा सम्पन्न शहर है।

होटल के कमरे में जमाल मुझे बताने लगे कि उन्होंने किन लेखकों और संस्थाओं के साथ मीटिंगें तय कर दी हैं। काफ़ी मेहनत से प्रोग्राम बनाया था उन्होंने।

दूसरे पुराने दोस्त एमादउद्दीन सईद को फोन करना ज़रूरी था क्योंकि वीज़ा के फार्म में कराची में ठहरने का उसका ही पता दिया था।

एमाद को फोन किया तो उसने होटल में ठहरने पर बहुत नाराज़गी दिखायी। कहने लगा, ''यहाँ आपको क्या तकलीफ़ होती... पूरा घर है... नौकर हैं, माना कि बीवी बाहर गयी हुई हैं लेकिन आपकी खातिर में कोई कमी न होती। आपके पास गाड़ी और ड्राइवर रहते।'' मैं सुनता रहा। मुझे कॉमन दोस्तों ने बताया था कि एमाद ने पाकिस्तान एयरलाइंस की नौकरी में बहुत तरक्की की थी। फॉरेन पोस्टिंग पर भी रहा था। कराची के सबसे महँगे इलाके में उसकी कोठी है... वग़ैरह... ।

मैंने उससे कहा, अभी शहर के बीच में ठहरा हूँ ताकि आना-जाना आसान रहे... बाद में तुम्हारे साथ आ जाऊँगा।

शाम को वैसे ही इधर-उधर शहर देखने का प्रोग्राम बना। चूँकि टैक्सी पूरे दिन या शायद रात ग्यारह बजे तक के लिए थी इसलिए उसका पूरा इस्तेमाल ज़रूरी था।

''मैंने सुना है... कराची में मोहाजिरों के मोहल्ले अलग हैं, सिन्धी अलग रहते हैं, पठानों की बस्तियाँ अलग हैं...'' मैंने टैक्सी में जमाल से पूछा।

''हाँ... यही समझ लो... वैसे पॉश एरियाज़ में ऐसा नहीं है...।''

''तुम जहाँ रहते हो वो...''

''नाजिमाबाद नार्थ... हाँ पूरी तरह मोहाजिरों का इलाका है।''

''आसपास?''

''आसपास तो... पठानों की बड़ी बस्ती है और अब दूसरी तरफ़ भी हो गयी है... मतलब ...'' जमाल ख़ामोश हो गये।

''कभी परेशानी भी हो जाती है?''

''हाँ, जब फसाद होते हैं... हम लोग यानी नार्थ नाजिमाबाद वाले तो अब घिर गये हैं...।'' जमाल ने कहा।

टैक्सी दौड़ती रही। जमाल बताते रहे। फिर अचानक उन्होंने कहा, ''पठानों का इलाका देखोगे?''

उन्होंने इस तरह कहा था जैसे वे कितने निडर हैं, कितना 'रिस्क' ले सकते हैं।

"हाँ, चलो।"

उन्होंने टैक्सी वाले से कुछ कहा और कुछ देर बाद टैक्सी एक अनगढ़-से इलाके में आ गयी। छोटी-छोटी दुकानें और उन पर लम्बे तड़गे पठान दिखाई देने लगे।

"इस इलाके से गुज़रने की हिम्मत बहुत कम लोगों में है... इन लोगों ने इसे मजबूत गढ़ बना लिया है। पुलिस भी यहाँ घुसने से डरती है।" कुछ देर तक टैक्सी सीधी सड़क, लेकिन ऊबड़-खाबड़; क्योंकि फ्लाई ओवर किस्म की कोई चीज़ बन रही थी; से गुजरती रही फिर हम वापस मुड़ गये।

होटल के कमरे में रात गये मैंने शतरंज की चालों की तरह घटनाओं और स्थितियों को समेटते हुए मोहाजिर बनाम पठान संघर्ष को समझने की कोशिश शुरू कर दी। साथ लाई किताबें और इंटरनेट ने एक-एक परत को समझने में मदद दी। कुछ उखड़ी-उखड़ी, 'डिस्ज्वाइटेंड' सूचनाएँ, कुछ जानकारियाँ, कुछ प्रतिक्रियाएँ पूरी तस्वीर बनाने में नाकाफी थीं, लेकिन कुछ साफ़ इशारे समझ में आ रहे थे।

...15 अप्रैल, 1985 की बात है। बुशरा ज़ैदी कराची में अपने घर से कॉलेज जा रही थीं कि 'यलो बस' (सिटी बस सर्विस जो पठानों के हाथ में थी और दुर्घटनाओं के लिए अपनी दिल्ली की 'ब्लू लाइन' के बराबर कुख्यात थी) ने उन्हें कुचल दिया। कॉलेज की लड़कियों ने प्रदर्शन किया जो छात्र आन्दोलन बन गया। पुलिस ने प्रदर्शनकारियों पर गोली चलायी और दस छात्र मारे गये। अगले दिन यह आन्दोलन 'यलो बस' वालों यानी पठान विरोधी आन्दोलन बन गया। बसें, दुकानें, गाड़ियाँ जलायी जाने लगीं। पठानों को निशाना बनाया गया, लेकिन अगले दिन पठानों ने तैयार होकर मोहाजिरों के मोहल्लों पर हमला किया। इन दंगों में सरकारी आँकड़ों के मुताबिक 50 और ग़ैर सरकारी सूत्रों के अनुसार 100 लोग मारे गये थे।

31 अक्तूबर, 1986 को फिर एक सड़क दुर्घटना के कारण दंगे शुरू हुए। इस वक़्त तक एम.क्यू.एम. की स्थापना (1984) हो चुकी थी। मोहाजिर अधिक संगठित और आक्रमक थे। मोहाजिर प्रदर्शनकारियों की बस पर पठानों ने हमला

किया और पाँच लोग मारे गये। इसकी प्रतिक्रिया में पाँच दिन तक सिन्ध के शहरों में मुहाजिर पठान–दंगे होते रहे जिनमें 40 लोगों की जानें गयीं।

12–15 दिसम्बर, 1986 को मोहाजिर शक्ति को तोड़ने के लिए पाक सेना के 'क्लीन ऑपरेशन' में सेना के ट्रकों, बुलडोजरों के साथ मोहाजिर कालोनियों पर हमले किए गये जिसमें पठान सेना का साथ दे रहे थे। पाँच दिन चले ऑपरेशन में मोहाजिरों का नरसंहार किया गया जिसमें अलीगढ़ कॉलोनी नरसंहार बहुत भयानक था। पाँच दिनों में 200 लोगों, प्राय: मोहाजिरों की हत्याएँ हुईं। 'क्लीन ऑपरेशन' ने दंगों और प्रतिदंगों का सिलसिला ही शुरू कर दिया था जिसके नतीजे में कम–से–कम 1000 लोग मारे गये थे।

...पाकिस्तान के प्रतिष्ठित समाचार पत्र डॉन 25 मार्च, 2011 के अनुसार कराची में मरने वालों की संख्या 15 पहुँच गयी है। अनजान लोगों ने दो रॉकेटों से हमला किया, लेकिन इस हमले में किसी के हताहत होने का समाचार नहीं है।

...डॉन, 24 मार्च 2011, कराची शहर के कुछ हिस्से एक बार फिर कई दिनों से दंगे की गिरफ़्त में हैं। यह देखा गया है कि टारगेट हमलों के पीड़ित और एक विशेष ग्रुप से सम्बन्ध रखने वाले मरीजों को आमतौर पर नज़दीकी सरकारी अस्पताल में नहीं ले जाया जाता... अब इम्बुलेंस ड्राइवरों को भी पता है कि किस अस्पताल में किस पीड़ित को ले जाना है... आमतौर पर पठान समुदाय से सम्बन्धित लोग जिन्ना पोस्ट ग्रेजुएट मेडिकल सेंटर और उर्दू भाषी समुदाय के लोग अब्बासी शहीद अस्पताल ले जाये जाते हैं। पाकिस्तान मेडिकल एसोसिएशन के भूतपूर्व अध्यक्ष डॉ. हबीबुर्रहमान का कहना है कि यह पिछले 10–15 साल से हो रहा है।...

...13 मार्च 2011, द डेली न्यूज, कराची; राबिया सिटी अपार्टमेंट बिल्डिंग, जो नेशनल अवामी लीग (पठानों का राजनैतिक दल) के स्थानीय नेता लियाकत बंगश के प्रभाव में है और मुदस्सिर चीफ (मोहाजिर अपराधी नेता) के प्रभाव वाले इलाके पहलवान गोथ के बीच क्रॉस फायरिंग होती रही जबकि वहाँ बड़ी तादाद में पुलिस और रेंजर पहुँच गये थे।

...28 मार्च, 2011 डॉन, कराची, गृहमन्त्री रहमान मलिक ने स्वीकार किया कि पिछले 18 दिन में 43 लोग टारगेट किलिंग में मारे गये हैं।

...पाकिस्तान मानवाधिकार आयोग ने अपनी रिपोर्ट (2010) में बताया है कि पाकिस्तान में 2010 में 12000 से अधिक लोगों की हत्याएँ हुई थीं। रिपोर्ट में विस्तार से बताया गया है कि कराची की टारगेट किलिंग में 538 लोग मारे गये

थे और 67 आत्मघाती हमलों में 1159 लोगों की जानें गयीं'' आदि आदि... ।

करांची के साहित्यिक सांस्कृतिक जीवन में एक बहुत प्रमुख नाम है डॉ. आसिफ फर्रुखी का। डॉ. आसिफ पेशे से डॉक्टर और हृदय से लेखक हैं। वे कराची से उर्दू की प्रतिष्ठित पत्रिका 'हमज़ाद' निकालते हैं। 'डॉन' अख़बार के लिए लिखते हैं। बहुत अच्छे कहानीकार हैं। कई संग्रह प्रकाशित हुए हैं। डॉ. आसिफ अनुवाद के क्षेत्र में भी सक्रिय हैं। उनके उर्दू से अँग्रेजी अनुवाद बहुत सराहे जाते हैं। कराची शहर पर उनकी पुस्तक 'पेंगुइन' ने छापी है।

आसिफ साहब होटल मिलने आये तो उनसे पाकिस्तान और भारत के कई पक्षों पर बात होने लगी। उन्होंने साफ़ कहा कि जिस दिन कराची में चार-पाँच लोग कत्ल होते हैं तो सब मानते हैं, आम-सा दिन गुज़र गया। जब तादाद बीस-पच्चीस तक पहुँचती है तब थोड़ा लगता है कि दंगा वग़ैरह हो गया है।

मैंने सोचा कि कराची के विशेषज्ञ डॉ. आसिफ से पाकिस्तान के हिन्दू अल्पसंख्यकों और मन्दिरों आदि की जानकारी लेना चाहिए।

डॉ. आसिफ वास्तव में बहुत जानकार निकले। उन्होंने जो बताया वह सब मुझे पूरी तरह याद तो नहीं है, लेकिन दन्त कथाओं, परम्पराओं, किंवदन्तियों, इतिहास और स्थानीय विश्वासों के आधार पर उन्होंने बताया कि कराची हिन्दुओं का एक बड़ा तीर्थ रहा है। उन्होंने बताया कि स्थानीय विश्वास के अनुसार राम और सीता ने बनवास कराची क्षेत्र में लिया था। यहाँ आराम बाग़ नाम का एक बस स्टाप है जिसका असली नाम राम बाग़ है। यह माना जाता है कि यही वह जगह है जहाँ राम और सीता रहे थे। बिलोचिस्तान में हिंगजाल माता का मन्दिर बहुत प्राचीन और प्रतिष्ठित है। कराची में क्लिफ्टन के इलाके में एक शिव मन्दिर है जो समन्दर की सतह के नीचे है। यह धारणा है कि सिन्ध के राजा युद्ध करने से पहले इस मन्दिर में आकर पूजा किया करते थे और मन्दिर का पुजारी उन्हें युद्ध में विजय प्राप्त होने का आशीर्वाद देता था। सिन्ध के अन्तिम हिन्दू राजा दाहिर (661-712) ने अपनी बहन से शादी कर ली थी। इस बात पर राज्य के पुरोहित और धर्माचार्य उससे नाराज़ थे। दाहिर, अरब आक्रमणकारियों से युद्ध करने से पहले परम्परा के अनुसार शिव मन्दिर में पूजा करना चाहता था, लेकिन मन्दिर के पुरोहित ने उसे बहन से शादी करने के कारण आज्ञा नहीं दी थी और वह बिना पूजा किये मुहम्मद बिन

क़ासिम की सेना से लड़ने चला गया था और हार गया।

मैंने डॉ. आसिफ से कराची की हिन्दू आबादी के बारे में कई सवाल किये और कराची के हिन्दू मन्दिर देखने की इच्छा जाहिर की। डॉ. आसिफ ने कहा कि वे एक हिन्दू नौजवान करीम को मेरे पास भेजेंगे जो मुझे हिन्दू मन्दिर दिखाएगा। उन्होंने मेरे सामने उसको फोन किया और दिन, टाइम वग़ैरह तय करा दिया। मुझे क़रीम का फोन नम्बर दे दिया।

कराची ही नहीं लाहौर में भी मुझे लगा कि पाकिस्तान में हिन्दुओं और ईसाइयों ने अपने पहले नाम (फर्स्ट नेम) ऐसे रखे हुए हैं जिससे उनके धर्म का पता नहीं चलता। कराची में ऐसे ड्राइवरों से मिला और लाहौर में एक होटल के ड्राइवर के नाम के साथ भी यही स्थिति देखी। प्रधानमन्त्री आसिफ ज़रदारी के मन्त्रीमंडल के अकेले स्वर्गीय ईसाई मन्त्री शहबाज़ भट्टी के नाम से भी कोई यह पता नहीं लगा सकता कि वे ईसाई होंगे।

डॉ. आसिफ ने मुझसे कहा कि वे डॉक्टरों की कान्फ्रेंस में हिल्टन होटल जा रहे हैं। मैं चाहूँ तो उनके साथ चल सकता हूँ। मैं तैयार हो गया।

कराची का 'हिल्टन होटल' पुराना है। मेरे ख़्याल से कम से कम तीस साल पुराना होगा। अब उसमें वह भव्यता नहीं है जो पहले रही होगी। दिल्ली और मुम्बई के सात सितारा होटलों से उसका कोई मुकाबला नहीं है। बहरहाल 'हिल्टन' में कराची का उच्चवर्ग ही जाता है। यहाँ महिलाओं को आधुनिक कपड़ों में देखा। इससे पहले लाहौर में भी मैंने नोटिस किया था कि आधुनिक कपड़े पहने लड़कियाँ या औरतें पाकिस्तान के सार्वजनिक स्थानों जैसे औसत दर्जे के बाज़ार, रेलवे स्टेशन, रेस्त्राँ वग़ैरह में नहीं दिखाई देतीं।

कान्फ्रेंस जारी थी। हम लोग बाहर ही खड़े हो गये। बातचीत में डॉ. आसिफ ने कहा कि कराची में अब तक बयालीस शिआ डॉक्टरों की हत्याएँ हो चुकी हैं।

"क्यों?"

"शिआ सुन्नी कान्फ्लिट।" वे बोले।

"सिर्फ़ डॉक्टर ही क्यों?"

"सोसाइटी के योग्य लोग... काबिल लोग... प्रोफेशनल लोग" वे बोले।

"शिओं ने सुन्नियों पर भी ऐसे हमले किये होंगे?"

"नहीं... शिओं में इतनी ताक़त नहीं है, उनका नम्बर बहुत कम है और फिर उसका 'रिएक्शन' बहुत ज़्यादा होता... इसलिए। टारगेटेड हमलों की बात तो नहीं कही जा सकती, लेकिन सुसाइड बाम्बिंग हो सकती है।" उन्होंने बताया।

"अच्छा ये जो मस्जिदों में बम विस्फोट होते हैं।" मैंने कहा।

"हाँ।" वे बोले।

पाकिस्तान के जातीय संघर्षों में शिआ-सुन्नी संघर्ष के बारे में विशेषज्ञों का कहना है कि यह कट्टरतावादी सुन्नी मुसलमानों और शिओं का संघर्ष है। इस्लाम धर्म तथा खिलाफत के उत्तराधिकार पर मतभेदों के कारण शिआ और सुन्नी मुसलमानों में पुराना अन्तर है जो कभी-कभी बहुत उग्र हो जाता है और कभी शान्त रहता है। कट्टरपन्थी सुन्नी मुसलमान शिओं पर इस्लाम को अशुद्ध करने का आरोप लगाते हैं और इसी प्रकार शिआ सुन्नियों पर कुछ गम्भीर आरोप लगाते हैं। पाकिस्तान में यह समस्या एक राष्ट्रीय समस्या बन चुकी है।

दक्षिण पंजाब के झंग जिले में शिआ-सुन्नी संघर्षों में 1985 से लेकर 1989 के बीच 300 से अधिक लोगों की जानें गयी हैं और शहर वस्तुत: दो हिस्सों में बँट गया है, दोनों समुदाय अलग-अलग रहते हैं। ऑन लाइन इनसाइक्लोपिडिया ऑफ मास वायलेंस के अनुसार 1989 से लेकर 2003 के बीच इस संघर्ष में 1468 लोग मारे गये थे और 3,370 लोग जख्मी हुए थे। नौवें दशक के मध्य तक यह हिंसा केवल पंजाब में केन्द्रित थी लेकिन अब यह देश के अन्य भागों में भी फैल चुकी है। कराची में 1994-95 के बीच 103 शिआ और 28 सुन्नी इस हिंसा की भेंट चढ़ चुके हैं। पाकिस्तान के अन्य प्रान्तों में भी यह हिंसा जारी है। 2003 में बिलोचिस्तान की राजधानी क्वेटा की जामा मस्जिद और इमाम-बारगाह में किए गये एक आत्मघाती हमले में 53 शिआ मारे गये थे। दूसरा बड़ा हमला 1 अक्तूबर, 2004 में सियाल्कोट की शिआ मस्जिद पर किया गया था जिसमें 75 लोग हताहत हुए थे।

शिआ-सुन्नी समुदायों के बीच सशस्त्र संघर्ष के कारणों में एक प्रमुख कारण जनरल ज़ियाउल हक़ द्वारा पाकिस्तान का इस्लामीकरण माना जाता है। पाकिस्तान का इस्लामीकरण दरअसल बहुसंख्यक सुन्नी मुस्लिम समुदाय की आकांक्षाओं के अनुसार किया गया था जिसके कारण शिआ समुदाय ने इसका विरोध किया था। दूसरा कारण राष्ट्रीय और अन्तरराष्ट्रीय स्तर पर होने वाली घटनाओं जैसे ईरान की

इस्लामी क्रान्ति (1979), अफगानिस्तान पर सोवियत हमला (1979–88), ईरान–इराक युद्ध (1980–88) और कश्मीर का 'जिहाद' मानी जाती हैं। इसके अलावा कट्टरपन्थी सुन्नियों को सऊदी अरब, एक समय में इराक की आर्थिक सहायता और शिआ कट्टरपन्थियों को ईरान की सहायता ने भी इस संघर्ष को बहुत हवा दी है।

डॉ. जमाल नकवी ने तय किया था कि मुझे कराची के सभी कोने दिखा देंगे। मुझे ख़्याल पसन्द आया था। हम समन्दर के किनारे दूर तक चले गये जहाँ बन्दरगाह हैं। यहीं उन्होंने दूर से क्लिफ्टन वाला मन्दिर भी दिखाया जहाँ मैं हिन्दू नौजवान के साथ जाने वाला था। हम लौट कर पुरानी कराची में आ गये। यह विभाजन से पहले की कराची है और कुछ–कुछ जगहों पर पुरानी मुम्बई के इलाके जहाँ कारोबारी लोग रहा करते थे जैसे मकान दिखाई पड़े। नीचे दुकानें और उन पर चार–पाँच मंज़िला इमारत। मैंने तस्वीरें लेनी शुरू की तो वही हुआ था जो मुल्तान में देख चुका था। लोहे की रेलिंग के बीच में 'ॐ' बना हुआ था। डॉ. जमाल ने बताया कि यह एरिया पूरी तरह हिन्दू सिन्धी व्यापारियों का इलाका हुआ करता था। कराची के बड़े उद्योग–व्यापार हिन्दू सिन्धी व्यापारियों या कुछ बोहरा मुसलमानों के हाथ में थे।

इतवार का दिन था। बाज़ार बन्द था। लेकिन इमारतें दिलचस्प थीं। उनमें कराची का पूरा इतिहास छिपा हुआ था। हम लोग टैक्सी से इलाके का चक्कर लगाते रहे, रुकते रहे। कुछ देर बाद मैंने महसूस किया कि जमाल कुछ थक जाते हैं या सैकड़ों बार देखी इमारतों और बाज़ारों को फरवरी की धूप में देखने की क्या ज़रूरत है। कुछ देर बाद मैंने उनसे कहा, तुम गाड़ी में बैठो मैं अकेला ही इस इलाके में घूमना चाहता हूँ। जमाल घबरा गये क्योंकि कराची के उस इलाके में अकेले।

"नहीं... नहीं ऐसा क्या है... गाड़ी से चलते हैं... जहाँ कहोगे गाड़ी रोक दी जाएगी। देख लेना।"

"नहीं यार बात बनेगी नहीं।" मैंने कहा।

"ओहो... इसमें क्या परेशानी है?"

"यार... मुझे अपने को थकाने में मज़ा आता है।"

जमाल नकवी हँसने लगे। उनकी फिक्र वाजिब थी और मेरा प्वाइंट भी अपनी

जगह पर सही था। मैं रोज़-रोज़ कराची के उस इलाके में न आ सकता था, न घूम सकता था। आज मौका था और मैं घूमना चाहता था... अपने तौर पर घूमना चाहता था तो ...।

"ठीक है... तुम्हारे पास मोबाइल तो है न?" जमाल ने पूछा।

"हाँ है?"

"और पासपोर्ट?"

"पासपोर्ट की कॉपी है... वीज़ा की भी...।"

"ठीक है... पैसा तो बहुत नहीं है।"

"पैसा पाँच-सात हज़ार पाकिस्तानी रुपये।"

"अच्छा... ठीक है... तुम घूमो... ज़रा-सी भी कोई प्राब्लम हो तो बताना, ठीक है।"

"हाँ... ठीक है।"

मैं जमाल नकवी को छोड़ कर अतीत में चला गया। सामने कोई सौ साल पुरानी इमारत नज़र आ रही थी। पास जाकर देखा तो चैम्बर ऑफ कामर्स एंड इंडस्ट्री कराची की शानदार इमारत थी। ग्रेनाइट से बनी भव्य इमारत अपने अतीत का गौरवगान कर रही थी। मैं उसके पास गया तो गेट के एक तरफ़ अँग्रेजी में लिखा था, "इस, इमारत की बुनियाद 8 जुलाई, 1934 को महात्मा गाँधी ने रखी थी।" मैं यह पढ़कर हैरान रह गया। तो 1934 तक महात्मा गाँधी की प्रतिष्ठा और ख्याति इतनी बढ़ चुकी थी कि सिन्धी व्यापारियों ने...। और आगे बढ़ा। कुछ विशाल पुरानी खंडहरनुमा इमारतें दिखाई पड़ीं, उनमें से एक के बोर्ड पर इतना जंग लग गया था कि कुछ जो पढ़ पाया वह अमन मिल्स स्टोर था। लोहे के शानदार फाटकों में ऐसे बड़े-बड़े ताले लटक रहे थे जैसे वे दसियों साल से नहीं खुले हैं और भविष्य में जाने कब खुलेंगे। पी.एंड. ओ. प्लाजा की शानदार इमारत भी बहुत प्रभावशाली लगी। यह भी उजाड़ थी। दीवारों पर वर्षों की गर्द जमी थी, लेकिन फिर भी उसके पीछे अतीत का वैभव जाग रहा था।

गर्मी, धूप और पसीने से परेशान मैं गलियों, सड़कों में इस तरह भटकता रहा कि वापसी का रास्ता याद रहे और जहाँ जमाल ने गाड़ी खड़ी करायी है वहाँ पहुँच सकूँ। कैमरे के जूम लेंस को तकलीफ देते रहने का एक और अच्छा फल मिला। एक पुरानी इमारत के गेट के ऊपर लगे नामपट्ट में मैंने हिन्दी लिखी देखी। यह अद्‌भुत था कि कराची में, वह भी कम-से-कम अस्सी-सौ साल

पुरानी इमारत पर हिन्दी में लिखा था। ऊपर अँग्रेजी में शिकारपुरी क्लाथ मार्केट लिखा था और उसके नीचे हिन्दी में 'शिकारपुरी कपड़े का मारकीट' लिखा था। नीचे तारीख़ वग़ैरा नहीं पढ़ पाया। आगे बढ़ा तो एक शानदार चर्च नज़र आया, यह भी अँग्रेजों के समय का ही लग रहा था।

गोथिक स्टाइल में बनी, अपने डिजाइन में लगभग पूरी तरह योरोपियन लगनेवाली एक पुरानी इमारत ने अपनी तरफ़ खींचा। यहाँ के सभी पुरानी इमारतें ग्रेनाइट पत्थर की बनी हैं। गेट के ऊपर गोथिक स्टाइल में पत्थर पर उकेरे गये कलात्मक त्रिकोण के अन्दर अँग्रेजी में अपने पहली पंक्ति थी '1912'। दूसरी पंक्ति में 'सेठ रामचन्द' और तीसरी पंक्ति में 'केशवदास' लिखा था।

लौटकर गाड़ी पर आया तो हम आगे बढ़े। कराची में भव्य आधुनिक इमारतों की भी कमी नहीं है। चमचमाती इमारतों से गुज़रते हम कायदे आज़म मुहम्मद अली जिन्ना की मज़ार पर पहुँचे। संगेमरमर से बने इस मकबरे का स्थापत्य काफी अनोखा, अच्छा और आधुनिक है। विशाल पार्क के बीच में यह मकबरा अपना प्रभाव छोड़ता है। जिन्ना की 'आधुनिकता' इसमें पूरी तरह झलकती है। उनके व्यक्तित्व की दृढ़ता और राजनीतिज्ञ के रूप में उनके तार्किक होने का आभास भी मिलता है।

दिनभर हम लोग कराची की खाक छानते रहे। दोपहर को कराची की फूड स्ट्रीट में अजीब तरह के लेकिन मजेदार कबाब खाए।

शाम को कराची के किसी शानदार क्लब में 'फैज़' पर कोई आयोजन किया गया था जिसमें पाकिस्तान प्रगतिशील लेखक संघ के महासचिव राहत सईद साहब को बुलाया गया था। राहत साहब उन दिनों किसी प्रोग्राम में भारत गये हुए थे। उन्होंने डॉ जमाल नक़वी से अपना प्रतिनिधित्व करने का अनुरोध किया था। जमाल ने मुझे भी साथ ले लिया था। हम खोजते-खोजते क्लब पहुँचे। बताया गया कि यह कराची का एक बहुत प्रतिष्ठित क्लब है। अन्दर आये तो कार्यालय के बाहर बोर्ड पर जो जानकारियाँ दी गयी थीं उसमें लिखा था कि क्लब की मेम्बरशिप फीस पाँच लाख रुपये है।

क्लब के स्वीमिंग पूल के किनारे 'शामे फैज़' का आयोजन किया गया था। मुख्य अतिथि सिन्ध के राज्यपाल के सलाहकार कुँवर यूसुफ जमाल थे। वे पहली लाइन में हम लोगों के साथ ही बैठे थे। उन्होंने अपना विजिटिंग कार्ड दिया तो मैंने भी अपना कार्ड दिया। परिचय हुआ। जानकारी मिली कि यूसुफ साहब पाकिस्तान सिविल सर्विस के बहुत सीनियर लोगों में हैं।

कार्यक्रम के दो बहुत रोचक पक्ष थे। पहला यह कि स्थानीय स्कूल की लड़कियों ने 'फैज़' की कविता 'लाज़िम है के हम भी देखेंगे' का नाट्य रूपान्तर प्रस्तुत किया था। इसमें कोई शक नहीं कि पाकिस्तान में इस्लामीकरण का जो जुनून आया हुआ है उसका असर जीवन के प्रत्येक क्षेत्र में देखा जा सकता है। 'फैज़' की इस कविता का इस्लामीकरण देख कर मैं डर गया। मैंने सोचा, इस्लाम के नाम पर जिस देश में इतनी घृणा और हिंसा फैलायी जा रही है, 'मनुष्यता' का विभाजन किया जा रहा है, उसका नतीजा बहुत ही भयानक होगा।

'फैज़' की कविता लाज़िम है कि हम भी... 'डिक्टेटरशिप' और निरंकुश शासकों के विरोध में लिखी गयी कविता है जिसमें कवि यह भविष्यवाणी करता है कि तानाशाही का पतन अवश्य होगा। कवि और आवाम इस पतन को अपनी आँखों से देखेंगे।

कविता की नाट्य-प्रस्तुति के लिए मंच सज्जा इस तरह की गयी थी कि मंच के एक ओर पर्दे पर मक्का मदीना का चित्र बना था जिसके सामने साड़ी पहने और बिन्दी लगाए दो लड़कियाँ बैठी थीं। मेरे विचार से इसका आशय था कि 'जब अर्ज़े ख़ुदा के काबे से सब बुत उठवाये जाएँगे।' फैज़ ने इस पंक्ति को जितना बहुआयामी और कलात्मक बनाया है उसके विपरीत नाट्य प्रस्तुति वालों ने उसे स्थूल, कलाविहीन और थोथा बना दिया था। 'अनलहक' के नारे को, जिसका अर्थ अहम् ब्रह्म है, अल्लाहो अकबर का नारा बना दिया गया था। मंच पर कुछ कुर्सियाँ रखी थीं जिन पर कोट पैंट पहने अमेरिका और पश्चिमी देशों के प्रतीक बैठे थे। कविता में जब यह पंक्ति आयी कि "जब तख़्त गिराए जाएँगे जब ताज उछाले जाएँगे।" तो कुर्सियों पर बैठे अमेरिका और योरोप के प्रतिनिधियों को, अरबी कपड़ों और दाढ़ियों में आये कुछ लोगों ने जो निश्चित रूप से मुसलमानों के प्रतीक थे, कुर्सियों से गिरा दिया और उस पर मुसलमान बैठ गये। यह नाटिका इतनी असहनीय हो गयी कि देखा नहीं जा रहा था। फिर यह भी लग रहा था यह देश अपने युवाओं को क्या संस्कार दे रहा है?

कार्यक्रम के अन्त में यूसुफ जमाल साहब ने अपने भाषण में कहा कि बच्चों को किसी और कविता का नाट्य रूपान्तरण करना चाहिए। यह कविता कुछ कठिन है।

यूसुफ जमाल साहब ने अपने भाषण में फैज़ की कुछ कविताएँ जुबानी सुना दीं। यह मेरे लिए सुखद आश्चर्य की बात थी। मैंने प्रोग्राम के बाद उनसे कहा भी कि भारत में उनके जैसे साहित्य प्रेमी सिविल सर्वेंट बहुत कम हैं।

सुबह-सुबह उस हिन्दू लड़के को फोन मिलाया जिसके बारे में फर्रुखी साहब ने बताया था। फोन की घंटी की आवाज़ की जगह एक गीता या गाना बजने लगा जिसका मुखड़ा था, 'जब जीवन राह अँधेरी हो... ।' मैंने सोचा, हाँ हिन्दुओं और दूसरे अल्पसंख्यकों की जीवन राह पाकिस्तान में अँधेरी ही है। भारतीय मुसलमान भारत में अपने लिए सरकार से अनेक माँगें करते रहते हैं। अपनी सुरक्षा और विकास के लिए सरकारों पर ज़ोर डालते हैं, लेकिन पाकिस्तान के अल्पसंख्यकों की कोई क्यों चिन्ता नहीं करता? भारत सरकार या यू.एन. सबने उन्हें छोड़ रखा है।

करीम दो बजे के बाद आया क्योंकि वह जिस रेस्त्रां में काम करता है वहाँ से उसे सिर्फ़ दो घंटे की छुट्टी मिली थी। वह ऑटो लेकर आया था। मैं तैयार बैठा था। हम सबसे पहले 'क्लिफ्टन' के श्री रत्नेश्वर महादेव मन्दिर पहुँचे। यह वही मन्दिर है जहाँ पाकिस्तान के भूतपूर्व राष्ट्रपति जनरल मुशर्रफ आये थे। पाकिस्तान यात्रा के दौरान अल्पसंख्यकों से बात करके लगा कि जनरल मुशर्रफ उनके लोकप्रिय नेता हैं।

मन्दिर के द्वार के ऊपर पहले अँग्रेजी और फिर हिन्दी में 'श्री रत्नेश्वर महादेव' और नीचे 'मंदीर' लिखा था। आसपास फूल बेचने वालों की दुकानें थीं। हम दोनों अन्दर जाने लगे तो एक आदमी ने रोक दिया और कहा, "आप लोग कौन हैं।"

करीम ने अपना परिचय दिया और मेरे बारे में बताया कि मैं इंडिया से आया हूँ और मन्दिर देखना चाहता हूँ।

उसने कहा कि मन्दिर में ग़ैर-हिन्दू नहीं जा सकते।

काफ़ी देर तक बहस होती रही। करीम ने मुझसे कहा कि वह अन्दर जा रहा

है और बड़े पंडित जी की 'परमीशन' ले आएगा। वह अन्दर चला गया। मैं मन्दिर के बाहर फोटो लेने लगा तो मुझे मना कर दिया गया कि फोटो नहीं ले सकते। वाह, अजीब ज़बरदस्ती थी। बहरहाल एक-दो फोटो तो मैंने ले ही लिए। मैं मन्दिर के बाहर ही खड़ा था कि सफ़ेद शलवार कमीज़, पहने, पूरी तरह सिन्धी लगने वाले एक पैंतालीस-पचास साल के सज्जन फूल की दुकान पर आये। उनके साथ उनकी पत्नी भी थीं जिन्होंने शलवार सूट पहन रखा था लेकिन महिला के चेहरे पर हिन्दू होने की कोई निशानी नहीं थी। न तो बिन्दी थी न सिन्दूर था, न गले में मंगल सूत्र था। यह देखकर न जाने कितने बातें साफ़ हो गयीं। फूल लेकर दोनों मन्दिर के अन्दर चले गये।

कुछ देर बाद करीम मुँह लटकाए मन्दिर से निकला। मैं उनकी बॉडी लैंग्वेज से समझ गया कि काम नहीं बना, लेकिन किया क्या जा सकता था। वे बोले "चलिए दूसरे मन्दिर चलते हैं?"

"दूसरे?"

"हाँ सिटी में बड़ा मन्दिर है।"

समुद्र के किनारे से हम लोग बीच शहर की धमाचौकड़ी में आ गये। धुआँ धुआँ सड़क के दोनों तरफ़ दुकानें थीं। एक तरफ़ दुकानों के बीच से एक चौड़ा रास्ता अन्दर मन्दिर की तरफ़ जा रहा था। गेट पर कुछ लोग खड़े थे, लेकिन करीम ने ऑटो वाले से कहा कि बस अन्दर चले चलो, गेट पर मत रुकना।

दिन के तीन बजे थे। मन्दिर के परिसर में, जो काफ़ी बड़ा है, लोग कम थे लेकिन मुझे डर था कि कहीं पहचानपत्र न माँग लिया जाए? फोटो लेने पर पाबन्दी न बता दी जाए। इसलिए मैं डरा-डरा करीम के पीछे सीढ़ियाँ चढ़ कर ऊपर मन्दिर के मुख्य द्वार तक आ गया। गर्भगृह बन्द था। करीम ने बताया कि सन् 2004 में मन्दिर की स्थापना के 150 साल पूरे हुए हैं।

कराची में यह अकेला स्वामी नारायण मन्दिर है जो स्वामी नारायण सम्प्रदाय का है। मन्दिर के परिसर में हिन्दू त्योहार मनाये जाते हैं।

मन्दिर से ही हमें एक बड़े जाल के नीचे कुछ मोर दिखाई पड़े। कुछ दूसरी चिड़ियाँ भी थीं। करीम ने बताया कि यहाँ गोशाला भी है। यात्रियों के लिए धर्मशाला का भी इन्तिज़ाम है। मैं सुनता रहा और मन्दिर के फोटो लेता रहा। इस स्वामी नारायण मन्दिर का अहमदाबाद से भी ताल्लुक है। वहाँ से भक्त यहाँ आते हैं। प्रभु स्वामी नारायण की 'ओरीजनल' मूर्ति यहाँ नहीं है। वह 1947 में इंडिया

ली गयी थी... यहाँ हिन्दुओं की 'ग्रुप मैरिज' भी होती है...

मैं चाहता था करीम से दो-चार और मुलाकातें हों ताकि बातचीत का और भी ौका मिले। लेकिन मेरे चाहने के बावजूद यह नहीं हो सका।

्मादउद्दीन सईद ने 1968 में अलीगढ़ मुस्लिम विश्वविद्यालय से इंजीनियरिंग ी डिग्री हासिल की थी। वे मेरे छोटे भाई के क्लासफेलो थे। उनका ताल्लुक दराबाद (भारत) से है और उनकी उर्दू में अचानक बड़े प्यारे तरीके से दराबादी लहजा आ जाता है तो लगता है मातृभाषा कभी पीछा नहीं छोड़ती।

प्रोग्राम ये बना था कि हम लोग यानी तीन पुराने दोस्त एक दिन साथ गुजारेंगे ौर एमाद हमारे मेज़बान होंगे। दिन भर के लिए गाड़ी, ड्राइवर और एमाद हमारे तलब— मेरे और डॉ. जमाल नकवी के 'डिस्पोज़ल' पर थे।

"आपने क्या-क्या नहीं देखा? या क्या देखना चाहते हैं? क्योंकि मैंने तो एक ोग्राम बनाया ही हुआ है लेकिन...।"

"तुम अपने प्रोग्राम के हिसाब से घुमाओ...।" मैंने कहा।

"ठीक है तो ज़िमख़ाना क्लब चलते हैं वो भी आप देखिए... तारीखी जगह ।"

कराची का जिम खाना क्लब 'कालोनियल' शानो शौकत का प्रतीक है। ़शाल लम्बा-चौड़ा बरामदा... सामने साफ़-सुथरा हरा-भरा लान जिसके पीछे ाम और नारियल के घने पेड़... बरामदे में सोफे पड़े थे... फ़र्श चाँदी की तरह मक रहा था। लगता था किसी कोने से चुरट पीता कोई गोरा साहब बहादुर नकल कर आ जाएगा...।

"चलिए आपको क्लब घुमा दूँ... इन्होंने तो देखा होगा।"

"हाँ आप लोग जाइए मैं बैठा हूँ।" हम लोग जमाल को छोड़ कर क्लब घूमने नकले।

"यहाँ सब कुछ है...।"

"बॉर भी है?"

वह हँसने लगा... "नहीं बॉर तो नहीं है।"

"यार वो क्लब ही क्या जहाँ बॉर न हो।"

"हाँ ये तो है... पहले हुआ करता था... ज़ियाउल हक़ ने सब बन्द कराया

था... इस्लामाइज़ेशन।''

हमने बिल्यर्ड रूम देखा, लाइब्रेरी देखी, स्वीमिंग पूल देखा और पता नहीं क्या-क्या देख कर हम वापस आये।

एमाद से मेरी मुलाकात 1968 के बाद पहली बार हो रही थी। बीच में क्या-क्या नहीं था। हमारा पूरा कैरियर था। हमारा काम था... हमारे प्रेम थे... हमारी शादियाँ थीं... हमारे बच्चे... बच्चों की शादियाँ... बच्चों के बच्चे... पूरे 43 साल बाद... हम बदनसीब विभाजित और बुरी तरह विभाजित देश। शत्रु देश। एक-दूसरे से तीन युद्ध करने वाले देश... एक-दूसरे पर शक करने वाले देश... क्या हमारे नेताओं ने यही सपना देखा था? पता नहीं क्या था या क्या नहीं था, लेकिन दो बातें याद आती हैं विभाजन के बाद भारतीय संसद में विरोधी दल के लोग सरकार पर यह दबाव डालते थे कि कराची में मुहम्मद अली जिन्ना की कोठी को कस्टोडियन में क्यों नहीं लिया जाता। पंडित जवाहरलाल नेहरू वज़ादार आदमी थे; पुराने सम्बन्धों और जिन्ना के व्यक्तित्व और अपने पिता से उनकी दोस्ती के मद्देनज़र यह नहीं चाहते थे कि जिन्ना का बँगला उनसे छीन लिया जाए। हिन्दी के जाने-माने लेखक वीरेन्द्र कुमार बरनवाल ने अपनी किताब 'जिन्ना : एक पुनर्दृष्टि' में इसका अच्छा विवरण दिया है ''नेहरू से हुई बातचीत का ज़िक्र जब श्री प्रकाश (भारतीय उच्चायुक्त पाकिस्तान) ने जिन्ना से किया तो वह एकदम हतप्रभ और अवाक रह गये। फिर थोड़ा सँभलते हुए उन्होंने लगभग कातर स्वर में कहा था, ''श्रीप्रकाश, जवाहरलाल से कहो कि वे मेरा दिल न तोड़ें, शायद तुम नहीं जानते कि मैं बम्बई को कितना प्यार करता हूँ। अभी भी मेरी मंशा बम्बई लौटकर उस बँगले में रहने की है।'' जिन्ना की ही तरह विभाजन हो जाने के बाद गाँधी ने लाहौर में रहने की बात कही थी। दोनों देशों के सबसे बड़े नेताओं के दिमाग़ में विभाजन की क्या तस्वीर थी और अब हमने उसे कैसा बना दिया है।

शहर के चक्कर लगाते हम एमाद के दूसरे अड्डे यानी... समन्दर के किनारे बने एक बड़े शानदार क्लब, रिजाट काम्प्लेक्स पहुँचे। इस दौरान समन्दर के किनारे की ज़मीन दिखा कर एमाद ने कहा, ''यह आर्मी की है।''

"क्या मतलब?"

"आर्मी ने सरकार से ख़रीद ली है।"

"क्यों?"

"कुछ तो उनके काम आएगी... बाकी बेच डालेंगे।" वह बोला।

"कौन बेच डालेगा?"

"आर्मी... मतलब पाकिस्तानी मिलेट्री। यहाँ मिलेट्री ने दसियों ऐसे ट्रस्ट बना रखे हैं जिनमें तरह-तरह के काम होते हैं। एक तरह से मिलेट्री बिजनेस करती है और उसका 'प्राफिट' बड़े-बड़े जरनलों से लेकर छोटे-मोटे ऑफिसर्स तक को जाता है।"

हमारी गाड़ी कॉम्पलैक्स में घुसी। लगा कि वाह क्या शानदार जगह है। एक तरफ़ समन्दर लहरें मार रहा था। दूसरी तरफ़ हरी घास के फैले हुए लान धुले हुए पॉम और नॉरियल के पेड़ों के झुंड से थे। बीच में 'केक पीस' किस्म की बहुत आधुनिक इमारतें थीं। ड्राइव-वे के साथ एक सिलसिले से कॉटेज बने थे।

हम एक शानदार रेस्त्राँ में आये, लेकिन एमाद का कहना था इससे अच्छा भी एक और रेस्त्राँ है जहाँ हमें जाना चाहिए। हम दूसरे ज़्यादा बड़े और शानदार रेस्त्राँ में आ गये जहाँ से दूर तक फैला समन्दर दिखाई दे रहा था।

आर्मी और डिफेंस फोर्सेज़ हर मुल्क में मज़े करती हैं। इंडिया में आर्मी ऑफिसर्स के जो ठाठ हैं, हम सब जानते हैं। और अब तो डिफेंस फोर्सेज़ का रुतबा और बढ़ गया है। आज भारत में कम-से-कम पाँच राज्यों के राज्यपाल भूतपूर्व लेफ़्टीनेंट जनरल या आई.पी.एस. सर्विस के ऊँचे अधिकारी जैसे रिटायर्ड डॉयरेक्टर जनरल बार्डर सेक्युरिटी फोर्स, डायरेक्टर आई.बी. वगैरा हैं। मतलब भारतीय लोकतन्त्र में आज नौकरशाही और सेना को शासन में जो हिस्सा मिल रहा है, वह पहले नहीं था। पहले शासन में सिविल सोसाइटी को भी कुछ हिस्सा मिल जाता था लेकिन पिछले कई दशकों से यह बन्द हो गया है। आज भारतीय राजनेताओं को सेना, पुलिस, आई.ए.एस. अधिकारियों की मदद चाहिए। सविल सासाइटी का सहयोग नहीं। शायद यही वजह है कि भारतीय सुरक्षाबलों के उच्चाधिकारियों के भ्रष्टाचार के जो मामले सामने आ रहे हैं उतने पहले कभी नहीं आते थे।

हमने आज जो शुरू किया है पाकिस्तान में वह तीस साल पहले बहुत जोर-शोर से शुरू हो गया था। पाकिस्तान अपने लगाए पेड़ का जो कड़वा फल आज 'खा' रहा है वह कल भारत को भी खाना पड़ेगा अगर समय रहते हमारा समाज

न चौंका।

पाकिस्तान की सेना के कारोबार और व्यापार पर आयशा सिद्दीक़ा ने एक बहुत महत्त्वपूर्ण किताब 'मिलेट्री एन्कलेव इनसाइड पाकिस्तान मिलेट्री इकोनॉमी' लिखी है। आक्सफोर्ड प्रेस से छपी इस पुस्तक की लेखिका ने पाकिस्तान की सेना पर एक और किताब 'पाकिस्तान आर्म्स प्रोक्योरमेंट एंड मिलेट्री बिल्डअप' भी लिखी है।

पाकिस्तान की फौज पर कराची में ही एक रिटायर्ड मेजर ने मुझे एक लतीफा सुनाया था। लतीजा क्या सिर्फ़ एक जुमला है— 'पाकिस्तान की फौज ने सबसे बड़ा कारनामा ये किया है कि पाकिस्तान को जीत लिया है।' ये लतीफा नहीं सच्चाई है। पाकिस्तान में लोकतन्त्र जैसे-जैसे कमजोर पड़ता गया था; राजनैतिक दलों से लोगों का विश्वास जैसे-जैसे उठता गया था। वैसे वैसे फौज का अमल-दखल बढ़ता गया था और 1958 से फौज एक शासक-सेना बन गयी है।

पाकिस्तान की सेना में 75प्रतिशत भर्ती पंजाब के तीन जिलों से होती है। 20 प्रतिशत भर्ती उत्तर पश्चिमी सीमावर्ती प्रान्त से, 2 प्रतिशत बिलोचस्तान और सिन्ध से और बाकी अन्य स्थानों से होती है। इस तरह पाकिस्तानी सेना का बुनियादी चरित्र पंजाबी है। और इस कारण बिलोच लीडर पाकिस्तानी सेना को पाकिस्तानी नहीं, बल्कि पंजाबी सेना मानते हैं।

बांग्लादेश युद्ध में पराजित और अपमानित होने के बाद पाकिस्तान सेना 1977 में पुनः सत्ता में आ गयी थी। इसके बाद सैनिक नेतृत्व ने अपनी और सेना की प्रतिष्ठा और प्रभुत्व को स्थापित करने के लिए एक जटिल फौजी व्यापार, उद्योग जगत को जन्म दिया जो एग्रीकल्चर, मैनुफैक्चरिंग और सर्विस सेक्टर में फैला हुआ है। रक्षा मन्त्रालय के उपक्रम फौजी फाउंडेशन, आर्मी वेलफेयर ट्रस्ट, शाहीन फाउंडेशन और बहरिया फाउंडेशन कई स्तरों पर धनोपार्जन में व्यस्त हैं जिसका सीधा लाभ सेना के अधिकारियों को होता था।

जनरल ज़ियाउल हक़ के कार्यकाल में न केवल सेना के कारोबार और अधिकारियों को दिये जाने वाले इनामों/तोहफों में बढ़ोतरी हुई, बल्कि चुने गये राष्ट्रपति जुल्फिकार अली भुट्टो को फाँसी का चढ़ा कर सेना ने यह भी सिद्ध कर दिया था कि चुनी हुई सरकारें भी उसके प्रभाव से स्वतन्त्र नहीं हैं। यही कारण है कि बेनजीर भुट्टो (1988-90, 1993-96) और नवाज शरीफ (1990-93, 1997-99) की सरकारों ने फौज के कारोबार की तरफ़ निगाह

उठा कर नहीं देखा और वह फलता-फूलता चला गया। डॉ. आयशा सिद्दीकी ने इस तथ्य पर भी ज़ोर दिया है कि शिक्षा और स्वास्थ्य की तुलना में पाकिस्तान का सुरक्षा व्यय बहुत रहा है। उदहारण के लिए 2004-05 में स्वास्थ्य पर 0.6 प्रतिशत, शिक्षा पर 2 प्रतिशत और सुरक्षा पर 3.2 प्रतिशत व्यय हुआ था।

पाकिस्तान में सबसे बड़ा ज़मीनदार सेना है। लगभग 70,000 एकड़ ज़मीन पर सेना का कब्जा है जिसमें न सिर्फ़ सेना के प्रतिष्ठान हैं, बल्कि उसे बेच कर, लीज या किराए पर देकर अच्छा ख़ासा लाभ कमाया जाता है। सेना के अधिकारियों को भूमि देने के लिए 1912 का लैंड एक्ट अब तक जारी है जिसके तहत सेनाधिकारियों को बीस रुपये से लेकर साठ रुपये प्रति एकड़ के हिसाब से ज़मीन बेची जाती है। मेजर जरनल या उससे बड़े पद का अधिकारी 240 एकड़, ब्रिगेडियर और कर्नल 150 एकड़, लेफ्टीनेंट कर्नल 124 एकड़ तथा जे.सी.ओ. एन.सी.ओ. 64-32 एकड़ ज़मीन ख़रीद सकते हैं। ज़मीन ख़रीदने के बाद वे स्वयं खेती कर सकते हैं या ज़मीन बेच सकते हैं।

'आर्मी वेलफेयर ट्रस्ट' सीमेंट, दवाओं, शक्कर, जूते, कपड़े की दसियों फैक्ट्रियों के अतिरिक्त 'रियल स्टेट' के कारोबार में शामिल हैं, लेकिन यह भीमकाय संगठन घाटे में ही रहता है। घाटे का कारण प्रशासनिक कमज़ोरी बतायी जाती है। यह संगठन लगातार सरकार से सहायता और बैंकों से कर्ज़ लेने के लिए सरकार की गारंटी हासिल करता रहता है। अरबों रुपये के कर्ज़ में डूबे आर्मी ट्रस्ट को अपना 2.74 बिलयन रुपये का कर्ज चुकाने के लिए रावलपिंडी का प्लाज़ा बेचना पड़ा था।

सेना की दूसरी संस्थाएँ फौजी फाउंडेशन, शाहीन फाउंडेशन आदि भी विभिन्न व्यापार करती हैं और घाटे में चलती हैं जिनकी भरपाई सरकार करती है। पाकिस्तानी सेना प्रत्यक्ष और परोक्ष रूप से देश की अर्थ-व्यवस्था को, जो बहुत बड़े संकट में फँसी है, और रसातल की और ले जा रही है।

"पूरे विश्व को हिन्दी पढ़ाने वाली भारत सरकार अपने पड़ोसी देश पाकिस्तान को हिन्दी क्यों नहीं पढ़ाती?" यह सवाल किया उर्दू के जाने-माने लेखक और उर्दू की प्रतिष्ठित पत्रिका के सम्पादक अजमल कमाल ने जो अपनी पत्रिका के हिन्दी साहित्य पर केन्द्रित कई विशेषांक निकाल चुके हैं और अपने प्रकाशन से

कई हिन्दी किताबों के उर्दू संस्करण छाप चुके हैं।

मैं और जमाल नक़वी कराची के मुख्य शहर के बाज़ारों वाले इलाकों में स्थित अजमल कमाल के ऑफिस पहुँचे थे। उनके प्रकाशन का शोरूम, उनका कार्यालय और उनका निवास यही हैं। उन्हें देखकर लगा कि भाषा, साहित्य और समाज के प्रति निष्ठावान और समर्पित लोगों को अगर कोई आज देखना चाहे तो अजमल कमाल को देख ले। उनकी लगन, मेहनत, उत्साह, सादगी, सहजता आकर्षित करती है। अजमल कमाल उर्दू–हिन्दी या कहना चाहिए विश्व साहित्य में गहरी रुचि लेने के साथ–साथ सामाजिक–आर्थिक और राजनैतिक विषयों में भी गहरी पैठ रखते हैं।

''पाकिस्तान में हिन्दी कहीं नहीं पढ़ाई जाती?'' मैंने उनसे पूछा।

''हाँ... कहीं नहीं... हम लोगों को बड़ी मुश्किल होती है। यहाँ एक ग्रुप है, जिसने हिन्दी सीख ली है। इसमें डॉ. आसिफ फर्रुखी, डॉ. रफीक अहमद नक़्श और उनकी पत्नी हैं। एक–दो लोग और हैं। जमाल साहब तो हिन्दुस्तान से हिन्दी पढ़ कर आये थे। इन्होंने यहाँ नहीं सीखी। तो हम लोग मिलजुल कर हिन्दी अदब का उर्दू में तरजुमा करते हैं।

''क्या यहाँ उर्दू के पाठक भारतीय या हिन्दी साहित्य में दिलचस्पी लेते हैं?'' मैंने पूछा।

''बहुत ज़्यादा।''

इतनी देर में अजमल कमाल की पत्नी गौरी आ गयीं जो महाराष्ट्र की हैं। उन्होंने पूना फ़िल्म संस्थान से फ़िल्म सम्पादन का कोर्स किया है। अजमल कमाल ने अपनी पत्नी से हम लोगों का परिचय कराया तो जिज्ञासा का एक पहाड़ खड़ा कर दिया जिसका फौरी समाधान हो पाना कठिन था।

मैंने पाकिस्तान पर बढ़ते हुए तालिबानी खतरे का जिक्र छेड़ा तो अजमल बताने लगे कि तालिबान में इतनी ताकत और एकता नहीं है कि वे पाकिस्तान की सत्ता हथिया सकें। वे ख़ुद बहुत 'डिवाइडेड' हैं। दूसरी बात यह कि पाकिस्तान की आर्मी कभी नहीं चाहेगी कि तालिबान सत्ता में आएँ क्योंकि डेमोक्रेसी से तो आर्मी अच्छी तरह 'डील' कर लेती है, लेकिन तालिबान के साथ ऐसा नहीं हो सकेगा।

''लेकिन पाकिस्तान सेना में धार्मिक कट्टरता है... कम से कम आम सिपाही तो तालिबान को सपोर्ट करेगा?''

''नहीं धार्मिक कट्टरता के भी यहाँ कई रूप हैं और फौज तो कमांडर के

हुक्म पर लड़ती है।"

पाकिस्तान के सभी पढ़े–लिखे समझदार लोग पाकिस्तान की प्रमुख समस्याओं और धार्मिक कट्टरता के पीछे जनरल ज़ियाउल हक़ की केन्द्रीय भूमिका मानते हैं। ज़ियाउल हक़ ने सत्ता हथियाने के लिए इस्लाम धर्म का सहारा लिया था क्योंकि उनकी 'लेजीटिमेसी' किसी तरह सिद्ध नहीं होती थी। सत्ता पर उनका कानूनी या नैतिक या संवैधानिक कोई आधार नहीं बनता था। जुलाई 1977 में ज़ियाउल हक़ ने नब्बे दिन के अन्दर चुनाव करा देने के आश्वासन पर सत्ता सँभाली थी लेकिन मरते दम तक सत्ता से चिपके रहे।

जनरल ज़िया के इस्लामीकरण ने पाकिस्तान को बुरी तरह बाँट दिया था। न सिर्फ़ अहमदियों को ग़ैर मुस्लिम घोषित करके उन्हें झूठे मुकदमों में सजाएँ दी गयीं और दंगों में उनका नरसंहार किया गया, बल्कि शिआ–सुन्नी संघर्ष भी बहुत ज़्यादा बढ़ा। सुन्नियों के दो धार्मिक स्कूलों देवबन्दी और बरेलियों में भी ख़ूनी संघर्ष शुरू हो गया था। 1984 के अध्यादेश के अनुसार अहमदी अपने को मुसलमान, अपने धर्म स्थलों को मस्जिद नहीं कह सकते थे।

आतंकवाद से निपटने के लिए अमरीकी धन और हथियारों ने पाकिस्तान की राजनीति में एक नया खेल शुरू कर दिया था। ज़िया पर गम्भीर आरोप हैं कि मोहाजिरों और पठानों के संघर्ष को भी उन्होंने हवा दी थी। पाकिस्तानी समाज के इस विभाजन ने जनता की एकता कायम होने और जायज माँगें उठाने की स्थिति को ख़त्म कर दिया था। जरनल ज़िया यही चाहते थे जिसमें उन्होंने सफलता मिली थी।

जरनल ज़िया ने हर ऑफिस में मस्जिद बनाने के आदेश दिये थे, नमाज के वक़्त ऑफिसों में छुट्टी का प्रावधान किया गया था। 10 फरवरी, 1979 को उन्होंने एक अध्यादेश के माध्यम से चार प्रकार के अपराधों के लिए इस्लामी दंड घोषित किये थे। चोरी की सजा हाथ काटना तय की गयी थी। विवाहिता स्त्री के परपुरुष के साथ संभोग करने की सजा 'रजम' यानी स्त्री की पत्थर मार–मार कर हत्या कर देना, अविवाहिता के लिए संभोग की सज़ा सौ कोड़े, शराब पीने वाले की सज़ा अस्सी कोड़े, झूठा आरोप लगाने की सज़ा भी अस्सी कोड़े तय कर दी गयी थी।

ज़ियाउल हक़ के इस्लामी कानूनों में सबसे अधिक विवादास्पद कानून ज़िना अर्थात बलात्कार के बारे में था। इसके अन्तर्गत पीड़ितों को पुलिस में रपट लिखाते समय चार गवाहों के नाम भी देने पड़ते थे। यदि पीड़िता चार गवाहों के

नाम नहीं दे पाती थी तो बलात्कार को अनैतिक और ग़ैर कानूनी संभोग मान लिया जाता था। औरत को नाजायज़ सेक्स (एडल्टरी) के अपराध में गिरफ़्तार करके मुकदमा चलाया जाता था। इस कानून की इतनी आलोचना हुई थी कि जनरल मुशर्रफ ने सत्ता में आने के बाद (2006) में इसे बदल दिया था।

पाकिस्तान के इस्लामी कानून आज भी पाकिस्तान के उस इलाके में लागू हैं जहाँ ता़लिबान का प्रभाव है। वर्तमान सरकार के राष्ट्रपति आसिफ ज़रदारी ने तालिबान की माँग के अन्तर्गत उन्हें ख़ुश करने के लिए पाकिस्तान के उत्तर-पश्चिम के इलाके स्वात में इस्लामी कानूनों को जारी रहने का आदेश 2009 में दिया था। इस पर तीव्र प्रतिक्रियाएँ हुई थीं। यह कहा गया था कि एक देश में दो क़ानून कैसे चल सकते हैं ? यह बात भी हुई थी कि देश के अन्य क्षेत्रों में धर्मान्ध भी यह माँग कर सकते हैं कि उनके क्षेत्रों में भी वही कानून लागू किये जाएँ जो स्वात में लागू किये गये हैं। हास्यास्पद और अन्तरविरोधी वक़्तव्य देते हुए आसिफ जरदारी ने चेतावनी दी थी कि तालिबानी पाकिस्तान पर अधिकारी जमाना चाहते हैं। हम पाकिस्तान की बहाली के लिए लड़ रहे हैं।

लाहौर के युवा पत्रकार और साहित्य प्रेमी महमूदुल हसन ने कहा था कि आप कराची में रफीक अहमद नक़्श से ज़रूर मिलिएगा। मैंने कराची में जमाल साहब को बताया तो उन्होंने कहा कि 'नक़्श' यहीं पास में ही रहते हैं। मतलब नार्थ नाजिमाबाद के करीब ही कहीं उनका घर है। मैंने जमाल साहब से कहा कि वहाँ जाने से पहले क्या हम नाजिमाबाद कालोनी जा सकते हैं ? क्योंकि यह नाम बचपन से मेरे कानों में बैठा है। पाकिस्तान आने के बाद इसे न देखा तो एक कसक रह जाएगी।

नाजिमाबाद में हमें कहीं न जाना था; सिर्फ़ देखना था कि इलाका कैसा है। यह मोहाजिरों की उन बस्तियों में है जो 1950- 60 के आसपास बनी थी। मेरे मामूजान ने यहीं घर बनवाया था। इसके बाद उन्होंने गुलशन इकबाल में कोठी बनवायी थी। बड़े ऊँचे-ऊँचे पदों पर रहने के बाद 1979 में आख़री बार भारत आये थे तो मेरे सफदरजंग एन्क्लेव वाले मकान में ठहरे थे। उस वक़्त की दो बातें याद हैं। पहली तो मामूजान और मुमानीजान के सोने का इन्तिज़ाम जब छोटे-से कम्पाउंड में किया गया तो उन्हें बड़ी हैरानी हुई थी। कहने लगे थे क्या तुम लोग

बाहर आँगन में सो लेते हो? वहाँ कराची में तो लोग नहीं सोते। उनका मतलब था कि कराची में लॉ एंड आर्डर इतना ख़राब है। दूसरी बात जो याद है वह यह है कि मामूजान ने बातचीत के दौरान कहा था कि मुझसे ग़लती हो गयी कि पाकिस्तान गया। मुझे इंडिया में ही रहना चाहिए था। चाहे क्लर्की करता लेकिन इंडिया में रहता तो अच्छा होता।

कराची से मामूजान ने कनाडा शिफ़्ट किया था। अब वे नहीं हैं, लेकिन उनका परिवार कनाडा में है, दूसरी हिजरत के बाद।

नाजिमाबाद पुरानी मध्यवर्गीय शरणार्थियों की कॉलोनी लगी जैसी दिल्ली में कई हैं। लेकिन ग्राउंड फ्लोर में बाज़ार है। दुकानें ही दुकानें। कभी ये मकानों के ग्राउंड फ्लोर रहे होंगे। बहरहाल कॉलोनी का पूरा स्वरूप बदल गया है। मैं मकानों को उनके 'ओरीजनल फार्म' में देखने समझने की कोशिश करता रहा। फिर अचानक मन उचट गया। मैंने कहा, "चलो यार, 'नक़्श' साहब के यहाँ चलते हैं।"

अगर ये कहा जाये कि 'नक़्श' साहब लाइब्रेरी में रहते हैं तो कोई अतिशयोक्ति नहीं होगी। हम लोग उनके घर पहुँचे तो क़रीब चालीस वर्षीय 'नक़्श' साहब सादगी और प्यार से मिले। बहुत सुखद आश्चर्य यह हुआ कि उनकी पत्नी मेरी एक कहानी का उर्दू अनुवाद ले आयीं। उन्होंने कहा कि यह कहानी उन्होंने 'हंस' में पढ़ी थी और पसन्द आयी थी तो उसका उर्दू अनुवाद किया है।

"क्या हिन्दी के रिसाले आप लोगों को मिल जाते हैं?" मैंने पूछा।

"नहीं... बड़ी मुश्किल से कभी कुछ मैगजींस मिल पाती हैं।" नक्श साहब ने कहा।

"आपने हिन्दी कैसे सीखी?" मैंने नक़्श साहब की पत्नी से पूछा। वे थोड़ा मुस्करा कर बोलीं, "इनसे।" मतलब 'नक़्श' साहब से।

"और आपने कैसे सीखी?" मैंने 'नक़्श' साहब ने पूछा।

"मैंने... आसिफ फरूर्खी साहब से?"

"और उन्होंने?"

"वो इंडिया गये थे...।"

इस बीच चाय वग़ैरह आयी। हमने चाय पी। उसके बाद 'नक़्श' साहब बोले, "हम लोगों के पास आपको दिखाने के लिए सिर्फ़ किताबें हैं... जो हम दोनों ने पिछले पच्चीस साल में जमा की हैं।"

जैसा कि मैंने पहले लिखा है, नक़्श साहब लाइब्रेरी में रहते हैं। उनके घर में हर कमरे में किताबें हैं। ज़मीन से लेकर छत तक बनी अलमारियों में सिर्फ़ किताबें हैं। लगा वे किताबें ही ओढ़ते हैं, बिछाते हैं, पहनते हैं। पहला कमरा और दूसरा और तीसरा और चौथा और स्टडी और किचन और बरामदे, सब कुछ किताबों से भरा हुआ है। और किताबें काफ़ी करीने से रखी गयी हैं। लगा उनकी लगातार देखभाल की जाती है।

कराची में जिस होटल में मैं ठहरा था वह शाहराहे फैसल पर 'दिल्ली स्वीट्स' के सामने से अन्दर जाती एक पतली सड़क पर था। कभी-कभी मुख्य सड़क से होटल तक टहलता हुआ आता था।

क्रासिंग पर सड़क के किनारे एक मोची की दुकान थी। बिलकुल वैसी ही जैसी अपने यहाँ होती है। दुकान तो वैसी ही थी, लेकिन मोची में ज़मीन आसमान का फ़र्क था। इस दुकान में मोची एक लम्बे तगड़े, गोरे चिट्टे, खशखशी काली दाढ़ी रखे, शलवार कमीज़ पहने, बिलकुल सीधे तने बैठे एक पठान थे। कहीं से लगता ही नहीं था कि वो मोची हैं। मेरे दिमाग़ में अपने यहाँ के मोची की जो तस्वीर थी वह गिर कर टुकड़े-टुकड़े हो गयी।

मैंने उनसे यह जानने के लिए कि क्या वे वाकई मोची हैं, जूतों पर पॉलिश कराने के लिए पूछा। वे फ़ौरन तैयार हो गये। पॉलिश करने लगे। मैंने मौका पाकर बातचीत का सिलसिला शुरू कर दिया। पठान मोची ने भारत में कोई ख़ास दिलचस्पी नहीं ली। जाहिर है मैं उनकी नज़र में मोहाजिरों का आदमी था।

उन्होंने जूतों पर ऐसी पॉलिस की जैसी हमारे मोची नहीं करते। यह मैं इसलिए नहीं लिख रहा हूँ कि मैं उनके व्यक्तित्व से प्रभावित हो गया था, बल्कि यह हकीकत थी।

मैंने उनका शुक्रिया अदा किया। पैसे दिये। हिम्मत करके मैंने पठान मोची से पूछा, "आपकी एक तस्वीर खींच सकता हूँ।"

उन्होंने मेरी उम्मीदों पर पानी फेरते हुए कहा, "नहीं।"

अब मैं क्या कर सकता था। चाहता तो मैं ये था कि उन्हें बताऊँ कि पठान मोची महोदय आप इस्लाम की उस उज्जवल परम्परा का प्रतीक हैं जो जातिवाद को अस्वीकार करती है। आप 'डिगनिटी ऑफ लेबर' का प्रतीक हैं। मैं चाहता

हूँ कि अपने देश को आपकी तस्वीर दिखाऊँ और पूछूँ कि आप वहाँ क्यों नहीं हैं?

रात देर तक होटल के कमरे में मैं पठान मोची और उनके वतन बिलोचिस्तान के बारे में सोचता रहा। जिस पर कुछ दिनों पहले पाकिस्तान के चीफ़ जस्टिस का बड़ा तीखा बयान आया था। उन्होंने कहा था बिलोचिस्तान में वही हालात पैदा हो रहे हैं जो बांग्लादेश बनने से पहले पूर्वी पाकिस्तान में थे।

बिलोचिस्तान पाकिस्तान का सबसे बड़ा और धनवान राज्य है क्योंकि वहाँ सोने और गैस के बड़े भंडार हैं और सबसे अधिक अशान्त प्रदेश भी है क्योंकि वहाँ बिल्लोची-पाकिस्तान सेना से युद्धरत हैं। एक रिर्पोट के अनुसार बिलोची बच्चे पाकिस्तान का राष्ट्रीय गीत नहीं गाते, न पाकिस्तानी झंडा वहाँ फहराया जाता है। बिलोचिस्तान में स्कूल और यूनिवर्सिटी अध्यापकों की 'टारगेट किलिंग' होती है क्योंकि उन्हें केन्द्र सरकार या पंजाबी सत्ता का गुप्तचर माना जाता है।

पाकिस्तान की हर समस्या की तरह बिलोचिस्तान की समस्या भी जटिल और बहुआयामी है जहाँ बिल्लोच राष्ट्रीयता, आर्थिक शोषण, जातीय संघर्ष, सत्ता का आतंक आदि आपस में घुल मिल गये हैं। पाकिस्तानी सेना के सिपुर्द कर दिए गये बिलोचिस्तान में सेना ने ऐसी हिंसा और आतंक फैलाया है कि उसका दूसरा उदाहरण पाकिस्तान में नहीं मिलता।

बिलोचिस्तान का प्राचीन इतिहास, उप महाद्वीप के प्राचीन इतिहास की तरह महाभारत तक पहुँच जाता है। कहा जाता है महाभारत के प्रादास और पहली से तीसरी शताब्दी ईसापूर्व बिलोचिस्तान क्षेत्र पर शासन करने वाले प्राता राजा एक ही हैं। यह इंडो पर्सियन नस्ल के लोग थे। ईसा से 600 साल पहले इस क्षेत्र पर कभी ईरान के शासकों का अधिकार भी था। चंगेज ख़ाँ के हमलों के दौरान इस क्षेत्र में ईरान से लोग आये थे। अलग-अलग आदिवासी समूहों में बँटे इस क्षेत्र को अँग्रेजों ने बिलोचिस्तान नाम दिया था। यहाँ के सरदारों का सम्बन्ध अफगानिस्तान के शाह से भी था जिसने उन्हें नवाब की उपाधियाँ दी थीं। दरअसल बिलोचिस्तान का क्रमबद्ध इतिहास कलात के शासकों, जिन्हें खान कहा जाता था, से शुरू होता है।

1947 में भारत छोड़ने से पहले अँग्रेजों ने अपने आधीन रहे महाराजाओं, नवाबों को यह छूट दी थी कि वे चाहें तो भारत या पाक के साथ विलय करें और

चाहें तो स्वतन्त्र रूप से रहें। यह छूट बिलोचिस्तान के सबसे बड़े सामन्त कलात के खान को भी दी गयी थी। चूँकि पाकिस्तान बनने के बाद कलात का क्षेत्र पाकिस्तान में आया था इसलिए कलात के खान और पाक सरकार के बीच यथास्थिति बनाये रखने का समझौता हुआ था। भारतीय राष्ट्रीय आन्दोलन के प्रभाव के कारण कलात में अंजुमन-ए-वतन पार्टी का गठन हो चुका था जो भारतीय राष्ट्रीय काँग्रेस से निकट थी। इस पार्टी के नेता मुहम्मद अमीन खोसा और अब्दुल समद अचाकज़ई बिल्लोच राष्ट्रीयता और स्वाधीनता के प्रतीक थे। जनमत भी बिल्लोच स्वतन्त्रता के पक्ष में था। हालात को बिगड़ते देख पाकिस्तानी सेना ने 1948 में हस्तक्षेप किया। नेताओं को गिरफ़्तार कर लिया गया और कलात पर पाकिस्तानी सत्ता स्थापित हो गयी। लेकिन कलात के खान के छोटे भाई प्रिंस अब्दुल करीम खाँ ने विद्रोह कर दिया। पाकिस्तानी सेना के साथ गोरिल्ला युद्ध करते हुए वे गिरफ़्तार हुए और उन्हें दस साल की सजा दी गयी। कलात में विद्रोह का दूसरा चरण 1958 में नवाब नवरोज़ खाँ का विद्रोह माना जाता है जिसे पाकिस्तानी सेना ने कुचल दिया था और नवाब को फाँसी पर चढ़ा दिया था।

पाकिस्तान का उत्तर-पश्चिम सीमान्त प्रदेश भी ख़ान अब्दुल ग़फ़्फ़ार ख़ाँ (1890-1988) के नेतृत्व में भारतीय राष्ट्रीय कांग्रेस से बहुत निकट था और विभाजन का कट्टर विरोधी था। कांग्रेस के भारत विभाजन स्वीकार कर लिये जाने से ख़ान अब्दुल ग़फ़्फ़ार ख़ाँ, जिन्हें सरहदी गाँधी भी कहा जाता है, ने बहुत आहत होकर कांग्रेस से कहा था, ''आपने हमें भेड़ियों के बीच छोड़ दिया है।'' पाकिस्तान बनने के बाद लम्बे समय तक पाकिस्तान विरोध के आरोप में सरहदी गाँधी को जेल में रखा गया था! 1988 में उनकी मृत्यु भी 'हाउस अरेस्ट' के दौरान हुई थी। पाकिस्तान का सीमान्त प्रदेश भी बिलोचिस्तान की तरह न केवल लम्बे समय तक प्रताड़ित रहा, बल्कि उसे सरकारी आतंक भी झेलना पड़ा था।

बांग्लादेश के निर्माण के बाद बिलोचिस्तान और दूसरे सीमावर्ती प्रान्त नार्थ वेस्ट फ्रंटियर प्राविंस (अब इसे 'खैबर पख़्तून खाँ' कहा जाता है) के नेताओं में यह राय बनी थी कि अब पाकिस्तान के शासक और सेना अपनी साम्राज्यवादी नीतियों से उठाए नुकसान के कारण अधिक लोकतान्त्रिक हो गये होंगे और सीमावर्ती प्रदेशों को अधिक अधिकार देना स्वीकार कर लेंगे। दोनों सीमावर्ती प्रान्तों के नेताओं, गौस बख़्श बिज़ेनजो, सरदार अता उल्ला मिंगल, गुलखान नासिर, ख़ैर बक्श मारी, नवाब अकबर खाँ बुगती और खान वली खाँ ने प्रदेश की सरकारों के लिए अधिक

स्वायत्ता की माँग की थी जिसे राष्ट्रपति जुल्फिकार अली भुट्टो ने ठुकरा दिया था। केन्द्र ने दोनों प्रान्तीय सरकारों को भंग कर दिया था। दोनों मुख्यमन्त्री गिरफ़्तार कर लिए गये। राजनैतिक दलों पर प्रतिबन्ध लगा दिया गया था पाकिस्तान के राजनैतिक नेताओं, सेना और शासक वर्ग ने बांग्लादेश में जो किया था वही सीमावर्ती प्रदेशों में दोहराया जाने लगा। परिणामस्वरूप मीर हज़ार खाँ मारी, अपने हज़ारों समर्थकों के साथ अफगानिस्तान चले गये और वहाँ से पाकिस्तान के विरुद्ध लड़ाई छेड़ दी जो आतंकवादी गोरिल्ला पद्धति से आज तक जारी है। लेकिन सत्ता की प्रति हिंसा और अधिक भयावह रूप धारण कर चुकी है।

पाकिस्तान ही नहीं बल्कि पूरे उप-महाद्वीप की सरकारें प्रायः सीमावर्ती अल्पसंख्यक समूहों की आकांक्षाओं का सम्मान नहीं करतीं और साम्राज्यवादी ढंग से उन पर अपना निर्णय लादती रहती हैं। यही असन्तोष का कारण बन जाता है। बिलोचिस्तान में, अन्य उसी तरह के इलाकों की तरह शिक्षा नहीं है,विकास के नाम पर भ्रष्टाचार है, अपराधी तत्त्वों को शासन का संरक्षण प्राप्त है, फूट डालने और विभाजित करने वाले समूहों का बोलबाला है। स्थानीय प्राकृतिक सम्पदा को लूटा जा रहा है।

बिलोचिस्तान में सेना और राष्ट्रवादियों के संघर्ष से आम आदमी का जीवन नरक बना हुआ है। सेना के आतंक का दायरा इतना बड़ा है कि उसकी कल्पना नहीं की जा सकती। हज़ारों लोग सेना और आई.एस.आई. की कस्टडी से 'ग़ायब' हो जाते हैं। कुछ लोग इस तरह उठाये या पकड़े जाते हैं कि पकड़ने वालों की पहचान नहीं हो पाती। इन उठाये गये लोगों की लाशें मिलती हैं जिन्हें देख कर यह अनुमान लगाया जाता है कि भयानक शारीरिक यन्त्रणाएँ देकर मारा गया है। 2004 से लेकर अब तक कई हज़ार लोग लापता हो चुके हैं। बिलोचिस्तान के मुख्यमन्त्री मुहम्मद असलम रैसानी ने केन्द्र सरकार को चेतावनी देते हुए यह कहा था कि लोगों का इस तरह लापता होना गृहयुद्ध तक भड़का सकता है। पाकिस्तान सुप्रीम कोर्ट के चीफ जस्टिस ने बिलोचिस्तान की कानून व्यवस्था पर रिपोर्ट माँगी थी। बिलोचिस्तान के चीफ सेक्रेटरी ने जो रिपोर्ट उन्हें सौंपी थी उसे चीफ जस्टिस ने असन्तोषजनक बताते हुए खारिज कर दिया था। चीफ जस्टिस ने चीफ सेक्रेट्ररी से कहा है कि प्रदेश की सेना, पुलिस तथा पूरा प्रशासन उनके आधीन है फिर भी वे बिगड़ती हुई कानून व्यवस्था को सँभाल नहीं पाते हैं। चीफ जस्टिस ने प्रशासन से एक सप्ताह के अन्दर विस्तार से यह जानकारी चाही थी

कि 2008 से 2010 तक टारगेट किलिंग में कितने लोग मारे गये हैं, कितने लोग लापता हैं, कितने लापता लोगों की लाशें मिल चुकी हैं।

'गार्डियन' अख़बार में 29 मार्च, 2011 में प्रकाशित संवाददाता की रिपोर्ट बिलोचिस्तान की स्थिति को बहुत स्पष्ट ढंग से सामने रख देती है। रिपोर्ट के कुछ अंश इस प्रकार हैं— 'कार एक ऊँचे गेट के सामने रुक गयी, वह खुला और हमारे पीछे बन्द हो गया। अन्दर 55 साल की लाल बीबी शाल में इस तरह लिपटी थी कि सिर्फ़ दो आँखें खुली थीं; वे हमारा इन्तज़ार कर रही थीं। वह काँप रही थीं। उसके हाथों में उसके मृत बेटे नजीबउल्लाह की तस्वीर थी। उसने बताया कि उसके बीस साल के बेटे की मोटरसाइकिल पार्ट्स की एक दुकान थी। उसे पिछली अप्रैल में चेक पोस्ट पर एफ.सी. ने पकड़ा था उसके बाद उसका पता नहीं चला। तीन महीने बाद क्वेटा के बाहर एक पार्क में उसकी लाश मिली थी। उसके जिस्म पर बहुत बुरी तरह 'टार्चर' करने के निशान थे।' उसने दुख में डूबी आवाज़ में बताया था कि उसके मुँह में सिर्फ़ दो दाँत बचे थे।' पकड़े जाने वाले प्राय: 20 से 40 तक की उम्र वाले पुरुष होते हैं— राष्ट्रीय विचारों वाले, छात्र, दुकानदार, मजदूर। प्राय: वे खुलेआम दिन में पकड़े जाते हैं। बसों से खींच लिया जाता है, दुकानों से बाहर निकाल लिए जाते हैं, एफ.सी. चेक पोस्टों पर रोक लिया जाता है। उन्हें पकड़ने वाले वर्दी पहने सिपाही और सादी पोशाक में गुप्तचर एजेंसियों के लोग होते हैं। वे ग़ायब हो जाते हैं। मिलते हैं तो मरे हुए। लगभग 15 लाशें हर महीने मिलती हैं यद्यपि पिछले शनिवार को बिलोचिस्तान की अलग-अलग तीन जगहों से आठ लाशें मिली थी।''

सिर्फ़ यही बिलोचस्तान का सच नहीं है। वहाँ पंजाबियों की टारगेट किलिंग्स के अलावा, मुसलमानों के दो गिरोह भी हत्याएँ और 'सुसाइड बाम्बिंग' करते रहते हैं। तालिबान भी अपने हितों के लिए हिंसात्मक तरीके से सक्रिय है।

बिलोचिस्तान और कश्मीर में समानताएँ देखी जा सकती हैं। अगर बिलोचिस्तान में पाकिस्तानी सेना और अर्धसैनिक बलों ने आतंक का तांडव किया है तो यही काम कश्मीर में भारतीय सेना और अर्धसैनिक बल कर रहे हैं। फ़र्क शायद इतना है कि भारतीय राजनैतिक तन्त्र अधिक लोकतान्त्रिक है जिसके कारण सेना को खुली छूट नहीं मिल पायी है जो पाकिस्तानी सेना को मिली हुई है।

पाकिस्तान में उच्च और उच्च-मध्यवर्ग की सम्पन्नता काफ़ी सोचने पर मजबूर करती है। लाहौर के कई इलाके सम्पन्नता और समृद्धि के जीते जागते नमूने हैं। लाहौर में भीख माँगती हुई जो औरतें दिखाई देती हैं वे भी बहुत पहने-ओढ़े और थोड़ा बहुत मेकअप किए दिखाई देती हैं। बताया गया कि इन्हें दस रुपये से कम भीख नहीं दी जाती।

कराची में भी सम्पन्नता देखी जा सकती है। शहर अपनी भयावह समस्याओं के साथ-साथ धनवान लोगों का स्वर्ग है। आलीशान बाज़ारें रात-रातभर खुली रहती हैं। भव्य रेस्त्राँ देर रात मेहमानों का स्वागत करते हैं। छोटी गाड़ियाँ तो दिखाई नहीं देतीं। शानो शौकत का यह आलम है कि पैसा पानी की तरह बहता दिखाई देता है।

वैसे भी पूरे पाकिस्तान में मैंने वैसी भुखमरी वाली निर्धनता नहीं देखी जो हमारे यहाँ बहुत स्पष्ट दिखाई देती है। ग़रीब लोग तो नज़र आते हैं लेकिन भारत जैसी ग़रीबी-असहनीय, बर्बर, अमानवीय, वीभत्स, ग़रीबी नहीं दिखाई देती।

पूछने पर आम लोग कहते हैं, 'हमारा इस्लामी देश है न। अल्लाह की मेहरबानी है।'

पैसा कहाँ से आता है? और वह भी हम लोगों के पैसे से दुगना क्योंकि पाकिस्तान का रुपया हमारे रुपये से 50 प्रतिशत कम वैल्यू का है।

वैसे देखा जाये तो पाकिस्तान की अर्थ व्यवस्था चरमरा कर टूट चुकी है। पाकिस्तान इतने ज़्यादा कर्ज़ में डूबा हुआ है कि उसे चुकता कर पाना लगभग असम्भव है। पाकिस्तान लगातार अमरीकी मदद से अपना काम चला रहा है। यदि अमेरिकी सहायता बन्द हो जाये तो पाकिस्तान का दीवाला निकल जाये। इस सबके बावजूद समाज में या कहना चाहिए शहरों के उच्चवर्ग में इतना पैसा कैसे, कहाँ से, किस तरह आता है!

मुल्तान से कराची जाते हुए ट्रेन पर सह-यात्रियों ने पाकिस्तान की समाज व्यवस्था के बारे में टिप्पणियाँ करते हुए यह भी कहा था कि पाकिस्तान में लोग टैक्स नहीं देते। टैक्स न देने की बात कई जगह सुनने को मिली। ट्रेन में लोग बता रहे थे, जो हो सकता है ग़लत हो, लेकिन फिर भी उसमें कुछ तथ्य हो सकता है, कि पाकिस्तान के एक भूतपूर्व राष्ट्रपति ने जो चालीस मिलों के मालिक हैं; सिर्फ़ पाँच हज़ार रुपया टैक्स दिया है। मतलब काग़जों में हेर-फेर और भ्रष्टाचार इतना ज़्यादा है कि लोग, ख़ासतौर पर बड़े लोग, टैक्स से बच जाते हैं। यह पाकिस्तानी

समाज का एक बड़ा मसला बना हुआ है।

कराची में एक मित्र ने बताया था कि लोग यहाँ बैंक से मोटी रकम कर्ज़ लेते है और बैंक कर्ज़ माफ कर देते हैं। वैसे तो यह भारत में भी ख़ूब होता है। लेकिन यह यह सुविधा केवल उद्योग और व्यापार जगत को ही हासिल है, जबकि पाकिस्ता में यह 'सेवा' उच्च-मध्य और मध्यवर्ग तक पहुँच गयी है। 11 मार्च 2011 के 'डेली टाइम्स' के इस्लामाबाद रिपोर्टर के अनुसार पाकिस्तान के सुप्रीम कोर्ट ने बैं 'लोन' न अदा कर पाने वालों के ख़िलाफ़ कड़े कदम उठाने की माँग की है। 197 से 2009 तक दिये गये 256 बिलियन रुपये के कर्ज को माफ़ करने के सन्दर्भ अदालत ने कहा है कि कर्ज अदा न करने वाले के ख़िलाफ़ आपराधिक मामले द करना चाहिए। पाकिस्तान के चीफ जस्टिस ने कहा है बैंक के उच्चाधिकारियों औ मैनेजरों को कर्ज़ माफ़ करने का जिम्मेदार ठहराना चाहिए। सुप्रीम कोर्ट ने आगे कह है कि इस देश में अपराधी आजादी से घूमते-फिरते रहते हैं।

कराची तक पहुँच कर यह सोचना वाजिब था कि काश मैं सिन्ध का ग्रामीण इलाका देख लूँ क्योंकि सिन्ध का ग्रामीण क्षेत्र आज भी कुछ बुनियादी समस्याओं से उलझा हुआ है। मुझे यह मालूम था या सुना था कि सिन्ध के ग्रामीण क्षेत्रों में किसी स्थानीय ज़मींदार, जिन्हें सिन्धी में 'वढ़ेरा' कहते हैं, की मदद के बग़ै कोई नहीं जा सकता।

मेरे पास सिन्ध में कराची के अलावा और कहीं जाने का वीज़ा न था। दिल में एक उम्मीद थी कि शायद सिन्ध के ग्रामीण जीवन को किसी वढ़ेरा के माध्यम से देख सकूँगा।

मैं होटल से एमाद के घर शिफ्ट हो गया था। मुझे यकीन था कि कराची के महँगे से महँगे क्लबों का मेम्बर और कराची की सबसे महँगी कालोनी में रहने वाले एमाद ज़रूर किसी सिन्धी वढ़ेरे को जानता होगा जो मुझे सिन्ध के ग्रामीण इलाके में ले जाएगा।

एमाद से जब मैंने यह पूछा कि क्या तुम सिन्धी वढ़ेरे को जानते हो तो वह चकरा गया।

"मैं सिन्ध के गाँव देखना चाहता हूँ। मुझे बताया गया है कि वहाँ मुझे को वढ़ेरा ही ले जा सकता है।"

"हाँ ये तो सच है।"

"तो तुम किसी सिन्धी वढ़ेरे को जानते हो?"

वह शायद नहीं, नहीं कहना चाहता था। उसने पूछा, "आपको वहाँ क्या खना है?"

"बस यार... उनकी ज़िन्दगी।" मैंने कहा।

"बस समझ लीजिए कि अपने यहाँ, इंडिया में आज़ादी से पहले जैसे गाँव थे से ही सिन्ध में आजतक हैं।" यह कह कर एमाद ने अध्याय बन्द कर दिया। में समझ गया कि मैं नहीं जा सकता, लेकिन मैंने हिम्मत नहीं हारी और सेना के टायर्ड बिग्रेडियर से यही अनुरोध किया जो दूर के रिश्तेदारों के रिश्तेदार थे कराची में अपना कारोबार करते थे।

उन्होंने सीधी सलाह दी और कहा, "अगर कोई वढ़ेरा आपको ले भी जाये तो जाइएगा।"

"क्यों?"

"आपके पास वीज़ा नहीं है।"

"लेकिन वढेरे।"

"एक हद तक आपको बचाएँगे... हाईवेज़ पर रेंजर गाड़ियाँ रोकते हैं... आप ानते हैं यहाँ के हालात क्या हैं... रेंजर आपको देख कर और आपसे बात करके ासानी से पता लगा लेंगे कि आप यहाँ के नहीं हैं और जब पता चलेगा कि एक भारतीय' छिप कर सिन्ध के इंटीरियर में जाना चाहता था तो...।"

"ठीक है...ठीक है..." मैंने कहा।

"आप कुछ ऐसे लोगों से यहाँ, मतलब कराची में मिल सकते हैं जो सिन्ध के ारे में आपको बता सकते हैं।" वे बोले।

सुना जाता है सिन्ध में अब भी हज़ारों एकड़ ज़मीन के ज़मींदार हैं। इलाकों में ाकिस्तान की सरकार का नहीं वढ़ेरों का राज चलता है। भुट्टो परिवार के पास तनी ज़मीन है कि ट्रेन उनकी ज़मीन में दो घंटे चलती है। वढ़ेरों ने अपनी जेलें ना रखी हैं। पाकिस्तान के सरकारी कर्मचारी उनके संरक्षण में ही काम करते हैं ादि आदि। मैं मानता हूँ इनमें से क़ई बातें मन-गढन्त या ग़लत भी हो सकती हैं किन सिन्ध में आज क्या है, यह तो जानना ज़रूरी है न।

मुस्लिम लीग शुरू से ही बड़े मुस्लिम सामन्तों की पार्टी रही है। यही वजह है कि मुहम्मद अली जिन्ना और सर मोहम्मद इकबाल के सामन्तविरोधी विचारों और कुरान शरीफ के समानता सम्बन्धी सन्देशों के बावजूद मुस्लिम लीग कभी सामन्तों पर कोई अंकुश न लगा सकी। पाकिस्तान में आज भी ज़मींदारी व्यवस्था उसी तरह चलती है जैसे पहले थी। सिन्ध की राजनीति और सरकार की धुरी सामन्त हैं।

सन् 1959 में निजी ज़मीन पर सीलिंग लगाई गयी थी जिसके तहत एक व्यक्ति 500 एकड़ सिंचित ज़मीन और 1000 एकड़ असिंचित ज़मीन रख सकता था। यह क़ानून परिवार नहीं, बल्कि व्यक्ति केन्द्रित था। सामन्तों ने अपनी ज़मीनों के झूठे-सच्चे बैनामे कर के इस कानून से छुट्टी पा ली थी। यही नहीं, इस कानून में यह प्रावधान भी रखा गया कि अधिक उपजाऊ ज़मीनों के लिए सीलिंग का अलग पैमाना है जो सामन्तों के पक्ष में था।

सन् 2000 के भूमि सर्वेक्षण के अनुसार पाकिस्तान की 61 प्रतिशत प्राइवेट भूमि के 88 प्रतिशत भू स्वामियों के पास पाँच एकड़ से कम भूमि के जोतदार है और 50 एकड़ तथा उससे ज़्यादा भूमि के मालिक केवल दो प्रतिशत हैं। ज़मीन के असमान स्वामित्व के कारण ही सिन्ध के ग्रामीण इलाकों में भयानक ग़रीबी है। 'डेली टाइम्स' 12 अगस्त, 2008 में प्रकाशित एक रिपोर्ट के अनुसार बटाईदारी व्यवस्था ही सिन्ध के अधिकतर भूमिहीन किसानों की दरिद्रता का कारण है। उत्पादन के साधन बदल गये हैं। ट्रैक्टर और ट्यूबवेल आ जाने के बाद भी ज़मींदार और खेत जोतने वालों के बीच वही शताब्दियों पुराना रिश्ता है। ऐसी समाज व्यवस्था में बन्धुआ मजदूरों का होना लाजमी है। 1992 में बन्धुआ मजदूरी को ग़ैर कानूनी करार देने वाले कानून को ज़मींदार 1952 के टेनेन्सी एक्ट के आधार पर ख़ारिज करते हैं। अदालतों ने इस आधार पर बन्धुआ मजदूरों को बन्धुआ मानने से इंकार कर दिया है।

दरअसल सिन्ध में सब कुछ स्थानीय सामन्तों के हाथ में है। आँकड़े नहीं है, लेकिन पाकिस्तान में सब जानते हैं कि फौज के बाद देश के सबसे बड़े जागीरदार लियाकत अली जटोई हैं जिनके पास 30,000 एकड़ ज़मीन है। जटोई अकेले नहीं हैं। उन जैसे बड़े भू-स्वामियों से सिन्ध भरा पड़ा है। यह भू-स्वामी गाँव, इलाके, कस्बे और शहरों को पूरी तरह कंट्रोल करते हैं, क्योंकि वही राजनीति में हैं और सरकारें भी वही बनाते हैं।

पाकिस्तान के अख़बारों में सिन्ध के जागीरदारों की निजी जेलों के बारे में ख़बरें छपती रहती हैं। मोनू भील का मामला इसका एक बड़ा उदाहरण बना है। हिन्दू, दलित आदिवासी मोनू भील ज़िला संघार के एक प्रभावशाली सामन्त अब्दुल रहमान मारी की ज़मीनों पर बरसों से काम करता था। सामन्त ने किसी बात पर नाराज़ होकर मोनू के परिवार को अपनी निजी जेल में बन्द कर दिया था। यह बात मई 1998 की है। मानव अधिकार आयोग ने पाकिस्तान सिन्ध हाईकोर्ट के आदेश पर पुलिस द्वारा मोनू के परिवारजनों को मुक्त करा दिया था। लेकिन सामन्त के गुंडों ने फिर उनका अपहरण लिया था। अन्ततः पाकिस्तान के सुप्रीम कोर्ट ने सिन्ध के मुख्य सचिव और इंस्पेक्टर जरनल पुलिस को आदेश दिया था कि मोनू के परिवार को बरामद किया जाये। इलाके में डी आई जी राना सलीमउल्ला खाँ के अनुसार उन्होंने पता लगा लिया था कि मोनू के परिवार को कहाँ रखा गया है और वे उन्हें मुक्त ही कराना ही चाहते थे कि सिन्ध के मुख्यमन्त्री अरबाब रहीम ने उनका न केवल तबादला कर दिया, बल्कि उनको 'सस्पेंड' भी कर दिया। कारण यह था कि सरकार अगर शक्तिशाली सामन्त अब्दुल रहमान मारी को हाथ भी लगाती तो 'गिर' जाती क्योंकि मारी राजनैतिक रूप से अत्यन्त प्रभावशाली पीर के निकटतम व्यक्ति थे। और तब से यह मामला ठंडा पड़ा हुआ है।

सिन्ध खेतिहर बन्धुआ मजदूर दलित समुदाय के हैं जिनमें अधिकतर हिन्दू हैं। कुछ मुसलमान भी बँधुआ मजदूर हैं। एक मोटे अन्दाजे के मुताबिक पाकिस्तान के 3 मिलियन हिन्दुओं में अस्सी प्रतिशत दलित हैं। और बताते हैं कि वे बयालीस गोत्र में बँटे हुए हैं। प्रमुख भील, मेघवाल, ओध और कोल्ही माने जाते हैं। एक और महत्त्वपूर्ण तथ्य यह है कि सिन्ध के मुसलमान सामन्त मुसलमान दलितों की तुलना में हिन्दू दलितों को अपने काम में लगाना अधिक पसन्द करते हैं क्योंकि मुसलमान दलित को इस्लाम का एक सहारा तो रहता है, जबकि हिन्दू दलित पूरी तरह आश्रयहीन और इस तरह अपने सामन्त पर निर्भर रहता है।

कराची मोहाजिरों की जबान उर्दू का बहुत बड़ा केन्द्र है। कराची पारम्परिक तौर पर उर्दू का गढ़ कभी नहीं था। पाकिस्तान बनने के बाद मोहाजिर ही उर्दू को कराची ले गये थे।

मेरा यह ख़्याल था कि कराची में उर्दू का बड़ा ज़बरदस्त परिदृश्य होगा। कम-से-कम उससे बेहतर होगा जैसा दिल्ली में हिन्दी का है। लेकिन उम्मीदें कम पूरी हुईं। वैसे उर्दू अदब और प्रकाशन का एक 'सीन' लाहौर में भी है जो कराची से पुराना है और अल्लामा इकबाल और फ़ैज अहमद 'फ़ैज' जैसे कवियों पर गर्व करता है।

डॉ. जमाल नकवी के ज़रिये उर्दू के लेखकों, बुद्धिजीवियों और पत्रकारों से कराची में मिलने का मौक़ा मिलता रहा। पाकिस्तान प्रगतिशील लेखक संघ और भारतीय प्रगतिशील लेखक संघ में केवल यह समता ही नहीं लगी कि ये दोनों संगठन एक विचारधारा और साझे इतिहास के पोषक हैं बल्कि यह समानता भी लगी जिस तरह और जैसे साहित्य को भारत के प्रगतिशील रचते हैं, मान्यता देते हैं, और प्रोत्साहित करते हैं, वैसा पाक 'प्रलेस' भी करता है। जो भारतीय 'प्रलेस' के पदाधिकारियों के सरोकार हैं, वही पाकिस्तान के प्रलेस के भी हैं। मुझे स्वर्गीय कमला प्रसाद जी भारतीय प्रलेस के महामन्त्री और पाकिस्तान 'प्रलेस' के महामन्त्री डॉ. राहत सईद में बहुत समताएँ दिखाई पड़ीं।

अजमल कमाल के घर उर्दू साहित्यकारों से कुछ यादगार मुलाकातें हुईं जिनसे हिन्दी-उर्दू अदब ही नहीं, बल्कि भारत-पाक समाज पर बातें होतीं रहीं। दोनों देशों और दोनों भाषाओं के लेखक कवि एक तरह सोचते हैं। अगर भारत में लेखक अपने समाज में अपने को 'आइसोलेटेड' महसूस करते हैं तो पाकिस्तान के उर्दू लेखक फौजी तानाशाही से तंग नज़र आते हैं और उम्मीद की बहुत मद्धिम और कमजोर किरण देखते रहते हैं।

अजमल कमाल और गौरी से कई मुलाक़ातें रहीं। उन दोनों ने मुझे इधर-उधर घुमाया। हमने क्लिफ्टन वाले मन्दिर में एक और बार घुसने की कोशिश की लेकिन नाकाम रहे। बातचीत के दौरान पता चला कि गौरी महाराष्ट्र के ब्राह्मण परिवार की है और अजमल कमाल से उसका परिचय इंटरनेट पर हुआ था जो जल्दी ही प्रेम और फिर विवाह में बदलता चला गया। उनकी यह जोड़ी दोनों सरकारो के लिए चुनौती बनी हुई है जिसका सबसे ज़्यादा नुकसान इन्हीं दोनों को होता है। वीजा नियमों के कारण गौरीजी पाकिस्तान में सम्भवतः कुछ महीनों से ज़्यादा नहीं रह सकतीं। उन्हें लौटकर भारत आना पड़ता है और पुनः वीज़ा लेकर फिर लौटना पड़ता है। गौरीजी ने पूना से फ़िल्म सम्पादन का कोर्स किया है और कराची में उनके ज्ञान और अनुभव का लाभ उठाने वाले बहुतेरे मीडिया के छात्र

हैं, जिसके कारण वे कराची में भी व्यस्त रहती हैं।

कराची में डॉ. जमाल नकवी उर्दू की कई संस्थाओं में ले गये। वहाँ सभी लेखक और पदाधिकारी बहुत प्यार और खुलूस से मिले, लेकिन संस्थाओं के बारे में मेरे मन में जो शंकाएँ हैं वे बदस्तूर बनी रहीं। हो सकता है यह मेरी सीमा हो।

जमाल नकवी अपने साथ यूनिवर्सिटी के उर्दू डिपार्टमेंट ले गये। उससे पहले पाकिस्तान स्टडीज सेंटर में डायरेक्टर वग़ैरह से मिलाया। उर्दू विभाग की अध्यक्षा से मिला। सबसे मिलजुल कर यही लगा कमोबेश वही अपने यहाँ वाला हाल है।

आ अन्दलीब मिल के करें आहो ज़ारिया
तू हाय गुल पुकार, मैं चिल्लाऊँ हाय दिल

कुछ दिनों से शाम की महफिल नहीं सजी थी। एक रात हम अजीब हालात से गुज़रते हुए कई लोगों के घरों और इलाकों का चक्कर काटते एक इमारत के ऐसे फ़्लैट में पहुँचे जो देखने से ऐसा लग रहा था कि वहाँ वे काम किये जा सकते हैं जिन्हें ग़लतफ़हमी की वजह से समाज वर्जित करार देता है। बहरहाल वहाँ कई करमा फरमा, उर्दू के जाने-माने आलोचक मुहम्मद अली सिद्दीकी, सैयद शम्सउद्दीन, हबीब हयात और भट्टी साहब आ गये। रात देर तक अदब, आर्ट और समाज पर बातचीत होती रही। सैयद शम्सउद्दीन ने इनायत की और मानव अधिकार आयोग पाकिस्तान की 2009 की एक रिपोर्ट सौंप दी जिसकी मदद से मुझे पाकिस्तान को समझने में बड़ी मदद मिली। इसी तरह की कई किताबें डॉ. आसिफ फर्रुखी ने भेंट की थीं। बातचीत के दौरान भट्टी साहब ने कहा कि इंडिया पाकिस्तान के ख़िलाफ़ है। मैंने कहा, ''हुज़ूर पाकिस्तान ख़ुद अपने ख़िलाफ़ है, किसी और की मुखालफत दरकार नहीं है।'' जब यह कह रहा था तो मुझे सुबह होटल के कमरे में एक टेलीविजन चैनल पर देखा एक फोन-इन प्रोग्राम याद आ रहा था— जिसमें फोन पर स्टूडियो में 'एंकर' से 'कालर' कह रहा था, हमें कोई अच्छी ख़बर सुनाओ कोई अच्छी ख़बर सुनाओ... हमने पच्चीस साल से कोई अच्छी ख़बर नहीं सुनी है।

उर्दू के एक और सर्किल से परिचय प्राप्त करने का सौभाग्य प्राप्त हुआ। उर्दू के फिक्शन राइटर सबा दीवान के घर में बहुत उल्लेखनीय लेखकों, कवियों से

अच्छी मुलाकात और बातचीत रही। इनमें एक गुजराती के लेखक खत्री इस्मत अजी पटेल ने अपना विजिटिंग कार्ड दिया जिस पर उनका नाम गुजराती लिपि में भी लिखा हुआ था। इन्हीं मीटिंगों के दौरान किसी पाकिस्तानी लेखक ने कहा कि वे लोग जब भारत जाते हैं तो उन्हें होटल में कमरा नहीं दिया जाता, इस बात पर मुझे विश्वास नहीं हुआ था।

2 मार्च, 2011 या 3 मार्च, 2011 को रात तीन बजे आँख खुल गयी। खिड़की के बाहर देखा। पूरा कराची शान्ति से सो रहा था। मैंने उठ कर लाइटें जला दीं। अचानक दिमाग़ में ख़्याल आता है कि अब तक पाकिस्तान में जो देखा है और उसके जो 'इम्प्रेशन' दिमाग़ पर पड़े हैं, उन्हें सूत्र रूप में लिख डालूँ।

...पाकिस्तान में बकरों की दाढ़ियाँ नहीं होतीं।

...पाकिस्तान में कुत्तों की जगह बिल्लियों ने ले ली है।

...ये कहना मुश्किल है कि पाकिस्तान में फौज मुल्क की खिदमत कर रही है या मुल्क फौज की खिदमत कर रहा है।

...पाकिस्तानी किसी दूसरे को नुकसान पहुँचाने के ख़िलाफ़ हैं। जब नुकसान पहुचाना ज़रूरी हो जाता है तो अपने को ही नुकसान पहुँचा लेते हैं।

...पाकिस्तान में सूरज पश्चिम से निकलता है।

...पाकिस्तान में टीचर और वह भी हिस्ट्री का टीचर होना खतरनाक है।

...पाकिस्तान के पब्लिशर्स सब कुछ छाप लेते हैं पर संविधान नहीं छापते।

...पाकिस्तान में गैर इस्लामी टैक्स को इस्लामी बना दिया गया है।

...पाकिस्तानी एक चीज़ को दो कर देने में माहिर हैं।

'डिवाइड एंड रूल' सिर्फ़ अँग्रेजों की ही बपौती नहीं है।

समन्दर के किनारे शानदार डिफेंस कॉलोनी के शानदार बँगले में एक बँगला अपने दोस्त एमाद का है। चमचमाती, फलफलाती और नौकरों से भरी कोठी देखकर ख़ुशी हुई। अपना एक दोस्त यहाँ तो पहुँचा। एमाद ने मुझे एक कमरा दे दिया और अपने नौकरों से मेरा पूरा ख़्याल रखने को कहा। फिर उसने बताया कि उसका 'कुक' दुनिया के लगभग सभी उल्लेखनीय देशों के खाने पका लेता है। मैं

उससे कुछ भी पकाने की फरमाइश कर सकता हूँ। मैंने उससे इटैलियन 'स्पेगेटी विद मीट बाल्ड' पकाने की फरमाइश कर दी। चूँकि दिन के ग्यारह बजे थे और दोपहर के खाने में काफ़ी देर थी इसलिए एमाद ने कहा कि अगर मैं चाहूँ तो पास ही एक बाज़ार में चल सकता हूँ। मुझे पत्नी के लिए हाशिम का सुरमा ख़रीदना था। एमाद ने कहा बहुत बड़ी बाज़ार है मिल जाएगा। बरेली की तरह पाकिस्तान में भी बहुत अच्छे सुरमे बनते हैं। लाहौर में मैंने एक बोर्ड देखा था 'चश्मा तोड़ सुरमा' मतलब इतना अच्छा सुरमा है कि आप चश्मे को तोड़ देंगे... मतलब उसकी ज़रूरत ही न बचेगी। मैं परदेस में चश्मा तोड़ने का रिस्क नहीं लेना चाहता था। इसलिए आगे बढ़ गया था।

हम लोग मार्केट गये। शानदार जैसी कॉलोनी वैसी मार्केट। एमाद ने अपने ड्राइवर को एक जगह गाड़ी रोकने को कहा और मुझसे बोला, "चलिए... मुझे चश्मा लेना है।" हम दोनों उस ब्लाक की तरफ़ बढ़े तो देखा वहाँ 'पैरामिलेट्री फोर्स' की बख्तरबन्द गाड़ी खड़ी हैं। एक एम्बुलेस खड़ी है। आगे जाने का रास्ता बन्द किया हुआ है।

"ये क्या है?" एमाद ने पुलिस से पूछा।

"बन्द है... अन्दर नहीं जाना।"

"क्यों? मुझे सामने वाली दुकान से चश्मा लेना है।"

"उधर तो नहीं जा सकते।"

"क्यों?"

"ऑर्डर नहीं है।"

"बात क्या है... कुछ तो बताओ।" एमाद ने प्यार से पूछा।

"उधर एक अमरीकन चश्मा लेने आया है।"

एमाद ने मुझसे कहा, "चलिए... जब तक वह नहीं चला जाएगा... ये लोग किसी को अन्दर नहीं जाने देंगे।"

"क्यों?" मैंने पूछा।

"पाकिस्तान में अमरीकन की जान को खतरा है।"

हम गाड़ी में बैठ चुके थे।

"क्यों?"

"लोग अमरीकनों से नफ़रत करते हैं।"

"यार पाकिस्तान का सबसे बड़ा दोस्त अमरीका है।"

"हाँ अमरीकन पैसे पर ही मुल्क चल रहा है।"

"फिर?"

"यही नहीं... यहाँ जो अच्छे बड़े खाते-पीते लोग हैं सबकी अमेरीका में प्रॉपर्टी है, बच्चे वहाँ पढ़ रहे हैं... यहाँ 'डबल पासपोर्ट' का सिस्टम है न? कि आप दो पासपोर्ट एक साथ रख सकते हैं तो बहुतों के पास अमरीकन पासपोर्ट भी है।"

"फिर ये नफ़रत?"

"अमरीका ने जब सोवियत यूनियन के ख़िलाफ़ इस्लामी मुजाहेदीन को खड़ा किया था तो सब ख़ुश थे... अब... अफगानिस्तान में अमरीका उन्हीं से लड़ रहा है। ड्रोन हमले, अमरीकी पाकिस्तान में इस तरह घूमते हैं जैसे अपने आँगन में टहल रहे हों। इस्लामी जिहादियों को इतने ऊपर उठाने के बाद अमरीका चाहता है कि अब उन्हें धूल चटा दी जाये और इस काम में पाकिस्तान उनकी मदद करे। या पाकिस्तान को मजबूर कर दिया जाये कि उनकी मदद करे। अभी कोई महीने पहले पाकिस्तान में अमरीकी सफ़ीर ने बयान दिया था कि अमरीका का ये हक है कि वह पाकिस्तान के अन्दरूनी मसलों में दखल दे क्योंकि अमरीका पाकिस्तान को इतना पैसा देता है...।"

"क्या नफ़रत इतनी ज़्यादा है कि उन्हें देखते ही...।"

वह मेरी बात काट कर बोला, "शायद ऐसा तो नहीं है लेकिन अब लोगों की समझ में आ रहा है कि अमरीका या कहिए 'वेस्ट' ने अपने फायदे के लिए मुस्लिम मुल्कों के साथ क्या किया था और क्या कर रहा है।"

"हाँ तुम्हारी इस बात से तो मैं सहमत हूँ... देखो तुर्की में ख़लीफा को हटा दिए जाने के बाद कट्टरपन्थी इस्लाम या यह विचार कि इस्लाम के नाम पर राज्य बनाया जा सकता है बिलकुल 'बैक ग्राउंड' में चला गया था, लेकिन ईरान की इस्लामी क्रान्ति ने उसे फिर 'फोर फ्रंट' पर खड़ा कर दिया था। ईरान में सब क्यों हुआ? सब जानते हैं कि ब्रिटेन और अमरीका ने ईरान के तेल पर अपना कब्ज़ा बनाये रखने के लिए ईरान की चुनी हुई लोकतान्त्रिक सरकार का तख्ता पलट कर शाह को ईरान की सत्ता सौंपी थी। उसकी प्रतिक्रिया में ईरान का इस्लामी इन्कलाब हुआ था। तुम सोचो अगर सन् 1955 से ईरान में एक डेमोक्रेटिक सरकार रही होती तो इस्लामी कट्टरवाद वहाँ कैसे जड़ें जमा सकता था? जैसे तुर्की में नहीं जमा पाया?"

‘‘यही सब बातें हैं... इराक है... इजरायल के पीछे अमरीकी सपोर्ट है।’’ वह बोला।

‘‘ये बताओ क्या पाकिस्तानी फ़ौज हक़ीक़त में तालिबान से लड़ रही है? या दिखावा कर रही है?’’ मैंने पूछा।

‘‘शायद दोनों ही बातें हो रही हैं।’’ वह बोला।

‘‘ये कैसे हो सकता है?’’

‘‘अगर आपका हाथ किसी पत्थर के नीचे दबा हो तो आप बहुत ताकत लगा कर हाथ खींच भी नहीं सकते और हाथ को पत्थर के नीचे दबा भी नहीं रहने देंगे।’’

पाकिस्तानी तालिबान नार्थ वेस्ट, फ्रंटियर प्रदेश के सात ज़िलों में अपनी सरकार चला रहे हैं। पाकिस्तान की सरकार ने उन्हें इस्लामी शरिया कानून लागू करने की अनुमति देकर उनको वैधता भी प्रदान कर दी है। इसी के साथ-साथ तालिबान और पाकिस्तानी सेना के बीच युद्ध भी चल रहा है। पाकिस्तानी शासक वर्गों और सेना की यह सोच भी हो सकती है देश का एक छोटा-सा टुकड़ा देकर तालिबान को शान्त रखा जा सकता हो तो कोई आपत्ति नहीं है।

मुद्दा यह नहीं है कि तालिबान एक दिन पाकिस्तानी सेना को हरा कर पाकिस्तान पर कब्जा कर लेगा। असल मुद्दा यह है कि तालिबान या कहें कट्टरवादी मुसलमान अपनी उपलब्धियों और अपने ‘मिशन” का ऐसा गहरा प्रभाव पाकिस्तानी जनता पर जमा रहे हैं जो लोकतान्त्रिक शक्तियों के लिए और विविध विश्वासों के सह-अस्तित्व के लिए बहुत बड़ा ख़तरा बन जाएगा। इसका बहुत बड़ा उदाहरण तौहीने रिसालत (बैलेस्फैमी) कानून में सरकार द्वारा परिवर्तन करने के ख़िलाफ़ आयोजित बहुत बड़े प्रदर्शन हैं जिनके बाद सरकार को मजबूर होकर यह कहना पड़ा था कि वह तौहीने रिसालत कानून में कोई परिवर्तन नहीं करेगी। एक छोटा उदाहरण यह है कि लाहौर में बसन्त का त्यौहार आदिकाल से, मतलब इस्लाम आने के पूर्व से ही मनाया जाता था। बसन्त का इस्लाम से कोई धार्मिक सम्बन्ध नहीं है उसी तरह जैसे ईरान के सबसे बड़े त्यौहार ‘नौरोज़’ का सम्बन्ध इस्लाम से नहीं है। पाकिस्तान बनने के बाद भी लाहौर में बसन्त बड़े जोर-शोर, उत्साह, लगन और प्रेम से मनाया जाता था। वह एक लोकतान्त्रिक

समारोह बन गया था। लेकिन कट्टरपथियों ने सरकार पर ज़ोर डाल कर बसन्त मनाए जाने पर प्रतिबन्ध लगवा दिया क्योंकि वे इसे हिन्दू त्यौहार मानते हैं।

तालिबान पाकिस्तान से बची-खुची 'डेमोक्रेटिक स्पेस' भी ख़त्म कर रहा है जिसका असर पूरे समाज पर बहुत नकारात्मक और हिंसक होगा। पाकिस्तान की सिविल सोसाइटी और साहित्य-संस्कृति कर्मी यह जानते हैं, चिन्तित और भयभीत हैं।

बहुत कोशिश करने के बावजूद मैं सिन्ध के ग्रामीण इलाके नहीं देख पाया था इसलिए तय किया कि कराची से लाहौर की यात्रा बस से करूँगा ताकि रास्ते में कम-से-कम सिन्ध के वे इलाके, बस्वे, गाँव देख सकूँ जो सड़क के किनारे पड़ते हैं। एमाद के घर से मुझे सीधे देवू बस स्टॉप जाना था जहाँ से ग्यारह बजे बस चलती और अगले दिन सुबह नौ बजे लाहौर पहुँचती।

नाश्ता करते वक़्त मैंने एमाद से कहा, "यार यहाँ हिन्दुओं से मुलाकात नहीं हो सकी।"

"अरे अभी लीजिए... अरे इरशाद।" उसने अपने ड्राइवर को आवाज़ दी जो सामने आ गया।

"ये हमारे ड्राइवर इरशाद हैं... हिन्दू हैं।"

"अच्छा... पूरा नाम क्या है?"

"इरशाद अर्जुन।" इरशाद ने बताया।

"और देखिये मालियों में एक माली हिन्दू है।"

इरशाद ही मुझे लेकर देवू बस स्टैंड छोड़ने गये थे। बस स्टैंड शहर से काफ़ी दूर था। एमाद को कहीं और जाना था इसलिए वह मुझे 'सी ऑफ' करने देवू के स्टेशन नहीं आ पाया था। रास्ते में मुझे इरशाद से बात करने का अच्छा वक़्त मिला। लेकिन वह बहुत सतर्क था।

"तुम्हारा घर कहाँ है?" मैंने पूछा।

"थट्टा में है।"

"कराची में कब से हो?"

"बारह साल हो गये।"

"गाड़ी वहीं सीखी थी या यहाँ।"

"वहीं सीखी थी।"

"क्या जाति है तुम्हारी।"

"ठाकुर... राजस्थान में रिश्तेदारी है।"

"वहाँ कभी गये।"

"नहीं गया।"

"क्यों।"

"पासपोर्ट नहीं है।"

"क्यों?"

"कहते हैं... बनाते नहीं।"

"साहब से कह कर पासपोर्ट बनवा लो। फिर इंडिया आओ।"

"इंडिया में आप कहाँ रहते हैं?"

"दिल्ली में।"

"कराची से तो बड़ा होगा।"

"हाँ है।"

इरशाद की तरफ़ मैंने देखा। दबी-कुचली शख़्सियत वाला आदमी। डरा-डरा-सा अन्दाज़ और हर बात पर सिर्फ़ 'जी हाँ' कहने की आदत।

"तुम लोगों को परेशान तो नहीं करते?"

"यहाँ नहीं... पर गाँव में करते हैं।"

"किस बात पर?"

"छोटी-छोटी बात पर।"

कुछ देर के बाद वह बोला, "दिल्ली में ठहरने की जगह तो बड़ी महँगी होगी।"

"क्यों... क्या तुम आना चाहते हो?"

"पता नहीं।" वह निराश स्वर में बोला।

"जब भी आना हो या दिल्ली आ जाओ तो मुझे फोन करना। ये लो मेरा कार्ड।"

देवू बस चली तो क़रीब एक घंटे तक कराची के उपनगर और इंडस्ट्रियल एरिया ही दिखाई देते रहे। मैंने ख़ास तौर पर बस की बायीं तरफ़ वाली 'विंडो सीट' ली

थी। तीन घंटे के बाद कस्बे और गाँव आने लगे। मेरे पास दो कैमरों में फुल बैट्री थी और जानता था कि चलती बस से ली गयी तस्वीरें आम तौर पर ख़राब ही आती हैं। लेकिन सवाल था दृश्य को रिकार्ड करने का। सब जानते हैं कि सड़क के किनारे के गाँव और कस्बे ज़्यादा ख़ुशहाल और बेहतर होते हैं क्योंकि वहाँ यातायात का साधन उपलब्ध होता है।

पहले कुछ कस्बे दिखाई दिये। छोटी-छोटी दबी-दबी सी दुकानें जिनमें ज़रूरत के सामान थे। इन दुकानों के बीच कभी कोई छोटी-सी इमारत भी दिखाई पड़ जाती थी। कस्बों में कोई वैसी सम्पन्नता नहीं दिखाई दी जिससे अन्दाज़ा होता कि 'ग्रीन रिवोल्यूशन' आ गया है। पस्ती और पुरानापन कस्बों पर छाया था। हाँ बीच-बीच किसी मस्जिद, दरगाह वग़ैरह की चमकीली इमारतों की मीनारें यह ज़रूर बताती थीं कि लोगों की धर्म पर बड़ी आस्था और श्रद्धा है। और यह भी कि धार्मिक संस्थान और उससे जुड़े लोगों के पास अच्छा पैसा है।

कस्बे गुजरे तो फिर कुछ रेतीले मैदान दिखाई देते रहे जिनमें झाड़ियों या बबूल के पेड़ों के अलावा कुछ न था। बहुत दूर कुछ गाँव जैसे नज़र आते थे। फूस के छप्पर और दीवारें मिट्टी की थीं। कच्चे मकान थे जिनके आगे छप्पर पड़े थे। रेतीला इलाका कोई दोपहर तक गुज़र गया। इस बीच बस कुछ कस्बों की बाज़ारों में रुकी जहाँ खाना वग़ैरह खाया गया। बड़ा बेतरतीब और ऊबड़-खाबड़-सा माहौल था।

एक बात ख़ासतौर पर नोट करने वाली लगी कि कस्बों में औरतें बहुत कम दिखाई पड़ीं। किसी ऑटो रिक्शा पर बैठी आती जाती तो दिखाई पड़ जाती थीं। लेकिन बाज़ार में सामान ख़रीदती या टहलती घूमती तो बिलकुल नहीं दिखाई पड़ती थीं। इस इलाके में शायद बुर्के का भी रिवाज नहीं है क्योंकि ज़्यादातर औरतें चादरें ओढ़े दिखाई पड़ीं। उनके चेहरे खुले हुए थे।

सड़क पर हैदराबाद के बोर्ड नज़र आने लगे। विभाजन से पहले इसे हैदराबाद सिन्ध कहा जाता था क्योंकि दक्षिण में निजाम का हैदराबाद भी था। अब पाकिस्तानी हैदराबाद को सिर्फ़ हैदराबाद कहा जाता है। हैदराबाद शहर के अन्दर तो बस नहीं गयी, लेकिन 'आउट स्कर्ट' से गुज़री जहाँ अजीब तरह की नयी, बड़ी, बेढंगी इमारतें जैसी आमतौर पर अपने यहाँ भी होती हैं, नज़र आयीं। कुछ ही मिनट में बस ने सिन्धु नदी को पार करना शुरू किया। नदी में हालाँकि पानी कम था, लेकिन उसका पाट काफ़ी चौड़ा था। लगता था जब पूरा पानी होता होगा तो

यह विशाल नदी अपने पूरे इतिहास को समेटे हुए गरिमापूर्ण ढंग से बहती होगी।

यह काफ़ी रोचक था कि मैंने इससे पहले सिन्धु नदी लद्दाख में देखी थी, लेह से कुछ किलोमीटर दूर। सिन्धु नदी पहाड़ों से उतर कर नीचे आती है और फिर पाकिस्तानी सीमा में चली जाती है। भारत सरकार ने सिन्धु को महत्त्व देते हुए लेह में 'सिन्धु दर्शन' स्मारक बनवाया है जहाँ अन्य कार्यक्रमों के अलावा एक वार्षिक कार्यक्रम भी होता है। लेह से हैदराबाद सिन्ध कितनी दूर होगा? कम-से-कम तीन हज़ार किलोमीटर का फासला तो होगा ही। मन में ख़्याल आया यहाँ से सिन्धु को देखना ज़रूरी है क्योंकि लेह वाली सिन्धु यहाँ पहुँच कर वास्तविक सिन्धु बनी है। सिन्धु के जितने चित्र ले सकता था लिए और बस आगे बढ़ गयी।

शाम होते-होते सिन्ध का वह इलाका शुरू हुआ जो ज़्यादा हरा-भरा है। दोनों ओर हरे-भरे खेत, खजूर के पेड़ों की दूर तक फैली लम्बी कतारें या बाग दिखाई देने लगे। सूरज डूब रहा था। मैं जिस तरफ़ की खिड़की पर बैठा था, सूरज उधर ही डूब रहा था। कुछ बहुत शानदार दृश्य देखने को मिले। डूबते हुए सूरज की सुनहरी रोशनी में हरे खेत चमकने लगे थे। खजूर के पेड़ों की ऊपरी शाखों के पीछे से लाल आसमान झाँकने लगा था। बड़े-बड़े तालाबों का पानी भी सुर्खी-मायल हो गया था।

आधी रात के करीब बस बहावलपुर के देवू बस अड्डे पर रुकी। बहावलपुर का नाम पढ़ कर फिर दिल्ली के बहावलपुर हाउस की याद आ गयी। मुलतान में मियाँ आसिफ रशीद ने बताया था कि बहावलपुर में कुछ बहुत ख़ूबसूरत और पुरानी इमारते हैं। लेकिन बहावलपुर पहुँच कर भी मैं उन्हें नहीं देख सका। क्योंकि वहाँ का वीज़ा नहीं था। स्टेशन के ऊपर बहावलपुर स्टेशन का बड़ा-सा बोर्ड लगा था, उसकी तस्वीर ले ली और बस में बैठ गया।

लाहौर के देबू बस स्टॉप पर ऑटो रिक्शा वालों से कहा-सुनी हो गयी। मैं जहाँ जाना चाहता था। वह जगह मतलब गुलबर्ग 'देवू स्टेशन' से बमुश्किल एक किलोमीटर थी और ऑटो वाले सौ रुपये माँग रहे थे। इनमें से बेशतर के लम्बी लम्बी दाढ़ियाँ थीं और माथे पर नमाज पढ़ने की वजह से गट्टे के निशान थे। इतना तो सब जाते ही हैं कि अब या पता नहीं कब से, ईमानदारी और धर्म का कोई रिश्ता नहीं है। बल्कि कई अर्थों में दोनों एक-दूसरे के पूरक हैं। मैं चाहता तो था कि धार्मिक लगने वाले ऑटो रिक्शा चालकों को धर्म और नैतिकता पर एक छोटा-सा लेक्चर दे दूँ लेकिन परदेश और फिर धर्म का मामला, इसलिए ख़ून के कुछ घूँट पी कर रह गया और बाक़ी ख़ून को महफूज़ करके मैं अपना

सूटकेस पहियों पर घसीटते हुए पैदल जाने लगा। यह देख कर एक ऑटो वाले को तरस आ गया। लगता था कि सच्चा धार्मिक है। उसने कहा चलो मैं अस्सी रुपये लूँगा। बीस रुपये की बचत मेरे लिए बहुत बड़ी बात न थी, लेकिन तमाशा बनने से बेहतर था, मैं कहाँ तक बदन चुराता क्योंकि आते-जाते लोग मुझे घूरने लगे थे।

ऑटो वाले ने ए.एस.आर. रिसोर्स सेंटर के सामने उतार दिया। 'फैज़' जन्मशती समारोह के लिए आया पूरा डेलीगेशन भी पाँच दिन यहीं ठहरा था। यह एक स्वयंसेवी संस्था है जो व्यापक स्तर पर कई सामाजिक मुद्दों पर काम करती है। संस्था का अपना गेस्ट हाउस, कार्यालय, पुस्तकालय वग़ैरह है। डेलीगेशन के चले जाने के बाद संस्था की प्रमुख सुश्री निगहत सईद खाँ ने मुझे कृपापूर्वक गेस्ट हाउस में रहने की सुविधा दे दी थी जिससे मुझे बड़ी मदद मिली। यह दुर्भाग्यपूर्ण रहा कि निगहत सईद खाँ से भेंट न हो सकी क्योंकि जब-जब मैं लाहौर में था, तब-तब वे विदेश में रहीं। बहरहाल संस्था के दूसरे पदाधिकारियों ने मेरी बहुत सहायता की और पूरा ध्यान रखा।

ए.एस.आर. गेस्ट हाउस में जिन लोगों से मेरा बराबर सम्पर्क रहता था, उसमें केयर टेकर अब्दुल रज़्ज़ाक और सफाई करने वाली एक महिला, जिनका नाम भूल गया, प्रमुख थे। सफ़ाई करने वाली महिला, सफ़ाई वग़ैरह करके डायनिंग हाल में किसी मेज़ पर चाय लेकर बैठ जाती थीं। कभी-कभी मैं उनके साथ कुछ बातचीत कर लिया करता था। और सोचता था अगर वे दिल्ली में होतीं तो शायद डायनिंग हाल में इस तरह चाय न पी सकती थीं जैसे यहाँ पीती हैं। केयर टेकर अब्दुल रज़्ज़ाक से भी अच्छी दोस्ती हो गयी थी। उन्होंने मुझे बता दिया था कि अगर मैं रात में देर से लौटूँ तो गेट के ताले की चाबी किस पेड़ के थाले में किस ईंट के नीचे रखी होगी ताकि मैं आसानी से फाटक खोल सकूँ और मुझे कोई परेशानी न हो। एक दिन पास के बाज़ार में मैं और अब्दुल रज़्ज़ाक खाना खाने भी गये थे।

लाहौर मेहरबान लोगों का शहर है, इसका ये मतलब नहीं कि कराची या मुल्तान नामेहरबान लोगों के शहर हैं। मुझे हर जगह आमतौर पर अच्छे लोग ही मिले। या आप ये भी कह सकते हैं कि मैंने अच्छे ही लोगों को तलाश किया। बहरहाल,

बक़ौल शायर, "हज़रहा शजरे सायादार राह में हैं।" हज़ारों छायादार पेड़ रास्ते में हैं।

लाहौर में जाने-माने उर्दू कवि अली इफ़्तिख़ार जाफ़री वैसे तो पुलिस अधिकारी हैं, लेकिन बुनियादी तौर पर शायर हैं। हिन्दी साहित्य में ऐसे पुलिस अधिकारी अच्छी ख़ासी तादाद में हैं जो साहित्यकार है। इनमें सबमें वरिष्ठ विभूति नारायण राय हैं। इफ़्तिखार जाफ़री से लाहौर में मुझे दिल्ली के उर्दू शायर औबैद सिद्दीकी ने मिलाया था। जिस दावते-शीराज़ में मुझे उनसे मिलने का शर्फ़ हासिल हुआ उसमें बी.बी.सी. के दो पत्रकार शाहिद मलिक और आरिफ़ विकार के अलावा उर्दू के वरिष्ठ कवि जफ़र इकबाल भी थे। इन शायरों से कुछ सुनने का भी मौका मिला। इफ़्तिखार जाफ़री से एक बार बात ही बात में मैंने ये कहा था कि भाई आपका कलाम पढ़कर मुझे लगता है कि काश आपका हिन्दुस्तान से राब्ता और ज़्यादा होता। चूँकि महफिले बेबाक और बेख़तर थी इसलिए हम खुलकर बातें कर रहे थे।

ये मेरी ग़लती हो सकती है। मैं मानता हूँ कि मैं जो कहने जा रहा हूँ उसे लोग पहले भी कह चुके हैं। लेकिन चूँकि महसूस किया इसलिए कह रहा हूँ। लाहौर के उर्दू शायर रात-दिन पंजाबी बोलते हैं और शायरी उर्दू में करते हैं। मैंने सोचा, भाई ये लोग शायरी भी पंजाबी में क्यों नहीं करते?

मैंने किसी से ये सवाल पूछा तो उसने मुझसे उल्टा सवाल किया था कि आपने ये बात अल्लामा 'इक़बाल' और फ़ैज अहमद फ़ैज से क्यों नहीं पूछी? अल्लामा 'इक़बाल' के बारे में तो कहते हैं कि वे खाटी पंजाबी थे। चारपाई पर बैठ हुक्का पीते रहते थे और पंजाबी के शब्दों के अलावा और कुछ उनके मुँह से न निकलता था। लेकिन शायरी करते थे फारसी और उर्दू में।

सूत्रों की तलाश में अतीत की गहरी और अँधेरी सुरंगों से गुज़रना पड़ता है। पंजाब अफगानिस्तान और ईरान की सीमाओं से लगा एक ऐसा क्षेत्र रहा है जिस पर हमेशा हलचल रही है। आक्रमणकारी, पर्यटक, विद्वान, सूफी, दस्तकार, कलाकार और शायर सब इसी रास्ते से भारत आते रहे हैं। रास्ते का वो मतलब नहीं है जो आजकल चलता है। मध्यकाल या उससे पहले रास्ते का मतलब 'आधा घर' हुआ करता था। इस्फहान से दिल्ली तक का सफर दो साल से तीन साल का सफ़र हुआ करता था। सेनाओं को आने में ज़्यादा समय लगता था। व्यापारी और साधारण लोग जल्दी आ जाते थे, लेकिन किसी एक पड़ाव पर महीनों रहना ज़रूरी होता था। कुछ

यात्री या व्यापारी थककर किसी पड़ाव पर ऐसा पड़ाव डाल देते थे कि वहीं के हो जाते थे। कुछ व्यापारी अपने क्षेत्रीय कार्यालयों में वर्षों पड़े रहते थे। कई सौ साल तक पंजाब की यही स्थिति रही जिसका असर यह पड़ा कि पंजाब में शासक वर्ग, उच्च व्यापारी वर्ग की भाषा फारसी बनी रही। मुगलों के अधिकार में आ जाने के बाद तो फारसी शताब्दियों तक पंजाब की सरकारी भाषा बनी रही। स्थानीय भाषा पंजाबी में महाकाव्य रचे जाते रहे, लेकिन वह प्रशासन और वाणिज्य की भाषा नहीं बन सकी। वही हाल रहा जो ब्रज और अवधी का था।

पंजाब में पहली बार पंजाबी भाषी लोगों द्वारा पहला साम्राज्य महाराजा रणजीत सिंह (1783–1839) ने बनाया था। इस साम्राज्य की सरकारी भाषा फ़ारसी थी क्योंकि साम्राज्य बड़ा था और उसमें धर्म, जाति, राष्ट्रीयताओं के भेद नहीं थे। इसलिए युग की प्रचलित शासकीय भाषा फारसी को ही स्वीकार करना एक तरह की मजबूरी रही होगी। महाराजा रणजीत सिंह की भाषा नीति की तुलना अगर शिवाजी (1642–1680) की भाषा नीति से की जाये तो यह स्पष्ट पता चलता है कि शिवाजी ने फ़ारसी के स्थान पर मराठी को आगे बढ़ाने और अन्ततः राज भाषा बनाने का काम किया था। इन्हीं प्रयासों के कारण मराठी ने एक स्वतन्त्र भाषा का स्वरूप ग्रहण किया था।

पंजाब में चूँकि यह न हो सका था इसलिए 1849 में पंजाब के नये विजेताओं मतलब अँग्रेजों को यह समझ में ही नहीं आया कि पंजाबी कोई स्वतन्त्र भाषा है। इसके दो कारण माने जाते हैं। पंजाब अँग्रेजों के भारतीय साम्राज्य में जोड़े जाने वाला अन्तिम प्रान्त था। इससे पहले ईस्ट इंडिया कम्पनी लगभग सौ साल भारत पर राज्य कर चुकी थी और भारत सम्बन्धी बुनियादी नीतियाँ, जिनमें भाषा नीति भी शामिल थी, बन चुकी थीं। दूसरा कारण था कि पाँच बोलियों के कारण अँग्रेज भाषाविद् ग्रियर्सन ने अपने 1901 के सर्वेक्षण में पंजाबी को मानक भाषा नहीं माना था। अँग्रेज सरकार ने उर्दू को सेना की भाषा के रूप में मान्यता दे दी थी। क्योंकि सेना के अधिकतर सिपाहियों की भरती उर्दू/हिन्दी क्षेत्र से ही होती थी। अँग्रेजों की समझ और नीतियों ने विशेष क्षेत्र और जातियों को मार्शल रेस माना था और उन्हीं को सेना में भरती किया जाता था। 1857 में दिल्ली की गलियों में होने वाली ख़ूनी लड़ाई में अँग्रेजों ने पंजाबी सिपाहियों को आगे कर दिया था। आमने-सामने की खूँखार लड़ाई में पंजाबी सैनिकों का साहस और शक्ति को देखकर अँग्रेजी साम्राज्य ने पंजाब से भी सेना में भरती शुरू कर दी थी जो क्रमशः बढ़ती चली गयी थी। इसके प्रमाण के

लिए दिल्ली के युद्धस्मारक 'इंडिया गेट' पर अंकित प्रथम विश्वयुद्ध में मारे गये सिपाहियों के नाम देखे जा सकते हैं। और द्वितीय विश्व युद्ध का 'कोहिमा' (नागालैंड) में स्थापित 'वॉर मिमोरियल' भी इसका गवाह है।

पंजाबी सैनिकों को सेना में सम्मिलित करने से भाषा की कठिनाई आती थी जिसे अँग्रेजों ने इस तरह दूर किया कि पंजाब में भाषा के रूप में पंजाबी को नहीं, बल्कि उर्दू को मान्यता दी गयी। बीसवीं शताब्दी के शुरू होते-होते यह स्थिति पूरे पंजाब को मान्य हो गयी थी।

इस पृष्ठभूमि में पंजाब के उर्दू कवियों को समझने की आवश्यकता है। महाकाव्य लिखने का युग समाप्त हो गया था। पंजाबी महाकाव्यों, लोक साहित्य भाषा के रूप में सीमित हो चुकी थी। पंजाबी नहीं बल्कि उर्दू स्कूलों में पढ़ाई जाती थी क्योंकि अँग्रेजों ने पंजाब के लिए उर्दू को चुन लिया था। ऐसी परिस्थिति में सर मुहम्मद 'इक़बाल', हफ़ीज जालन्धरी, 'साहिर' लुधियानवी, फैज़ अहमद 'फ़ैज', अहमद फराज़, नासिर काज़मी, ज़फ़र इकबाल जैसे शायरों का होना स्वाभाविक है।

लाहौर में शायरों, अदीबों, कलाकारों, अभिनेताओं के बीच एक नाम है जो बहुत 'अपना' जैसा माना जाता है यह नाम है— 'क़ासिम जाफ़री।' ऐसा नामुमकिन माना जाता है कि कोई कलाकार, पत्रकार, कवि लाहौर आये और वह क़ासिम जाफ़री के आतिथ्य से वंचित रह जाये। जैसा कि मैं कह चुका हूँ, लाहौर मेहरबान दोस्तों का शहर है। इन दोस्तों में नासिर साहब भी हैं जिनका लाहौर के बहुत अच्छे इलाके में किताबों का एक बड़ा शोरूम और सेल आउटलेट है। नासिर साहब न सिर्फ़ किताबों के बिजनेस में हैं, बल्कि प्रकाशक और साहित्यकारों के बड़े मित्र भी हैं। उनके शोरूम 'रीडिंग्स' में लेखकों की बैठकें होती रहती हैं। 'रीडिंग्स' में भारतीय साहित्य मतलब अँग्रेजी अनुवाद में भारतीय साहित्य भी उपलब्ध रहता है। नासिर साहब ने बच्चों पर ख़ासतौर पर ध्यान दिया है। उनके शोरूम में बच्चों की किताबें बड़ी तादाद में देखी जा सकती हैं।

लाहौर के युवा पत्रकार और साहित्यिक महमूदुल हसन से पहले भी कई मुलाकातें हो चुकी थीं। उन्होंने मेरा एक लम्बा इंटरव्यू भी लिया था। अब उन्होंने सोचा कि मुझे लाहौर एक नये तरीके से घुमाया जाये। मैं उनकी मोटरसाइकिल पर बैठ कर लाहौर के उन इलाकों में गया, वह सब देखा जो साझी विरासत कहा जा सकता है। महमूद साहब ने शहीद भगत सिंह का कॉलिज दिखाया, गंगाराम

अस्पताल दिखाया, दयाल सिंह कॉलेज और लाइब्रेरी दिखाई। मुझे दिल्ली का दयाल सिंह कॉलेज याद आ गया। उसके बाद पतली सड़कों और पुरपेंच गलियों से होते हम एक बड़ी ऐतिहासिक इमारत देखने पहुँचे। यह सुल्तान कुतुबउद्दीन ऐबक का मकबरा था। दोनों तरफ़ बाज़ारें थीं। एक तरफ़ सड़क के किनारे इतिहास अपनी कहानी सुना रहा था। मकबरे के गेट पर जो पत्थर लगा था उसके अनुसार मृत्यु का सन् 1210 लिखा था।

वाघा बार्डर पर दोस्तों ने 'दोस्ताना किस्म' का इन्तज़ाम किया हुआ था। कस्टम और इम्मीग्रेशन में कोई परेशानी नहीं हुई। कुली के पीछे पाकिस्तान की सरहद पार की और सामान इंडियन कुली ने उठा लिया। दोनों कुलियों की वर्दियाँ एक नहीं थीं लेकिन उससे क्या फ़र्क पड़ता है, दोनों कुली थे।

अमृतसर में एक होटल के रिसेप्शन पर पूछा गया कि मैं कहाँ से आ रहा हूँ। मैंने बताया, लाहौर से। रिसेप्शन पर बैठे सरदार जी के चेहरे पर परेशानी के निशान नुमायाँ हो गये।

"पासपोर्ट कहाँ का है?" उन्होंने पूछा।

"इंडियन है।" मैंने जवाब दिया।

सरदार जी के चेहरे से परेशानी के निशान गायब हो गये और उन्होंने ख़ुद कहा, "पाकिस्तानी पासपोर्ट होता तो हमें हाथ जोड़कर मना करना पड़ता।"

"मतलब मेरे पास पाकिस्तानी पासपोर्ट होता तो आप कमरा न देते।"

"हाँ।"

"लेकिन क्यों? पाकिस्तानी पासपोर्ट पर कड़ी पूछताछ के बाद इंडिया का वीज़ा लगता है, मतलब भारत सरकार भारत आने की इजाज़त देती है तो आप कमरा क्यों नहीं देते?"

"देखो जी... ऐसा है... क़ानून ये है कि कोई विदेशी ठहरता है तो उसके पासपोर्ट वीजा की कॉपी 'उन्हें' भेज देते हैं। लेकिन पाकिस्तान के मामले में 'वो' हमें बहुत परेशान करते हैं। कहाँ गया था? किससे मिला था? उससे मिलने कौन आया था... कितने बजे निकला था? कब लौट कर वापस आया..." सरदार जी बताने लगे।

मुझे याद आया कराची में किसी ने यह शिकायत भी की थी कि पाकिस्तानियों

को भारत के होटलों के कमरे नहीं मिलते। फिर याद आया वाघा बार्डर क्रास करते ही जैसे भारतीय सीमा में आते हैं; एक बड़ा-सा बोर्ड लगा है जिस पर लिखा है— 'संसार के सबसे बड़े लोकतन्त्र में आपका स्वागत है।'

होटल में सामान रख कर, नहा-धोकर कमरे से बाहर आया। अमृतसर की दोपहर लाहौर की दोपहर जैसी थी। फ़र्क यह था कि अमृतसर लाहौर जैसा ख़ूबसूरत नहीं नज़र आ रहा था। लेकिन जान-पहचान का रिश्ता उसे ख़ूबसूरत बना रहा था। ये सड़कें और बाज़ार दसियों बार के देखे हैं। इसी सड़क पर आगे चलकर अमृतसर का स्टेशन है जिस पर भीष्म साहनी की कहानी है— 'अमृतसर आ गया'।

मैं अमृतसर में आमतौर पर तन्दूरी पराँठा और छोले खाता हूँ लेकिन इस वक़्त पता नहीं क्यों किसी एयरकंडीशंड रेस्त्राँ में बैठने का मूड बन गया था। पास ही एक फैंसी किस्म के होटल में रेस्त्राँ-बार के अन्दर चला गया। दूसरी मंजिल पर शीशे की बड़ी खिड़कियों से बाहर का दृश्य कुछ सुन्दर नज़र आ रहा था। अन्दर ए.सी. ने माहौल को काफ़ी ख़ुशगवार बना रखा था। 'बार' में सन्नाटा था। दोपहर 'मैकशों' के लिए मुनासिब वक़्त नहीं है।

मुझे कुछ देर बाद लगा कि डेढ़ महीने के एक मुश्किल सफ़र को पूरा करके लौट आया हूँ। ख़ुशी और इत्मीनान।

मैं एक इस्लामी मुल्क देख आया हूँ। मैं मुसलमान हूँ। अब मैं लौट कर लोकतन्त्र में आ गया हूँ। चाहे जितनी ख़राबियाँ हों लेकिन मैं इस लोकतन्त्र में पाकिस्तान का 'हिन्दू' या 'ईसाई' नहीं हूँ। मैं कादयानी भी नहीं हूँ... मैं जो हूँ वो हूँ... मुझे न तो अपने धार्मिक विश्वासों की वजह से कोई डर है और न अपने विचारों की वजह से कोई खौफ़ है... मैंने एक गहरी साँस ली...सोफे की पुश्त से टिक गया...।

□□□

णाणं पयासयं

वीर नि.सं. 2470

भारतीय ज्ञानपीठ

ई.सन् 1944